丛书编委会

大家精要
典藏版丛书

简一读

科贝特

郑雪飞　著

陕西师范大学出版总社　西安

图书代号　SK24N1865

图书在版编目(CIP)数据

简读科贝特 / 郑雪飞著 . — 西安：陕西师范大学
出版总社有限公司，2025.1
（大家精要：典藏版 / 郭齐勇，周晓亮主编）
ISBN 978-7-5695-4238-7

Ⅰ . ①简… Ⅱ . ①郑… Ⅲ . ①科贝特 — 人物研究
Ⅳ . ① K835.615.2

中国国家版本馆 CIP 数据核字（2024）第 026568 号

简读科贝特
JIAN DU KEBEITE

郑雪飞　著

出 版 人	刘东风	
策划编辑	刘　定　陈柳冬雪	
责任编辑	王淑燕	
责任校对	彭　燕	
封面设计	龚心宇　张潇伊	
出版发行	陕西师范大学出版总社	
	（西安市长安南路 199 号　邮编 710062）	
网　　址	http://www.snupg.com	
印　　刷	深圳市福圣印刷有限公司	
开　　本	889 mm×1194 mm　1/32	
印　　张	5.875	
插　　页	4	
字　　数	109 千	
版　　次	2025 年 1 月第 1 版	
印　　次	2025 年 1 月第 1 次印刷	
书　　号	ISBN 978-7-5695-4238-7	
定　　价	49.00 元	

读者购书、书店添货或发现印装质量问题，请与本公司营销部联系、调换。
电话：（029）85307864　85303629　　传真：（029）85303879

目录

导　言

　　人类社会的发展史，在相当程度上是记载人类对水的认识和利用的历史。然而，在四五千年前，尼罗河上泛舟与地中海上扬帆已经有了完全不同的意义。前者作为自给自足的自然经济的补充，而后者已成为生存致富的主要手段。两种文明——陆地文明和海洋文明，从此拉开了距离。发源于地中海区域的西方文明，与海洋有着密不可分的联系。受商品经济规律支配的海洋文明充斥着海洋国家间由贸易开启的经济利益冲突，那些濒海国家要维持海上通道，保护自己的贸易市场和商业利润，进而维护自身的政治利益，都力图在确保本国海上安全的前提下，更大程度地谋求对海洋的控制。在以战争暴力作为解决争端的最后手段的人类文明发展阶段中，维持和利用海上优势的战略观念始终贯穿于西方国家的军事史。对于濒海国家而言，海洋战略思想探讨的是海上战争的理论与应用之法，故濒海国家欲求海上安全乃至国家安全必先研究海上战略，战略无知实为致命的错误。

1815年以后的"不列颠治下的和平"时代，英国的确已经控制着海洋，全世界都坐视英国海军在世界各大洋执行警察任务而认为那是理所当然。但到19世纪下半叶，当工业化和世界贸易使英国的经济发生革命性的变化，以蒸汽铁甲舰为代表的世界舰船制造技术革命使英国海军进入转型期，且当后起的帝国主义国家美国、德国、日本逐步显示出其军事潜力时，英国国内的学者更为关注帝国安危，潜心海军理论和海洋战略研究。其中堪与美国的A.T.马汉互为伯仲者除了科洛姆兄弟（John Colomb&Philip Colomb）之外，就要数朱利安·科贝特爵士（Sir Julian Stafford Corbett）了。

第 1 章

科贝特生平与主要著作

科贝特生平简介

朱利安·科贝特于 1854 年 11 月 12 日出生在英格兰南部萨里郡（Surrey）一个富庶家庭。其父是伦敦著名的建筑师和地产开发商，在六个孩子中排行第二的科贝特没有选择继承父亲的职业，而是从剑桥大学获得第一级法律学位后，选择做了律师，直到 1882 年从律师事务所辞职。而这段求学和职业生涯也为科贝特后来从事海军学术研究过程中的风格产生了重要影响。在后来的著述中，科贝特经常引用法律方面的专有名词来阐释战略原则的基本原理，其严谨细致的学术风格，也明显带有律师从"历史实证中求结果"的鲜明特点。"科贝特所受的法律训练及其思维模式，使他更加乐于与敌斗智，而不愿与之斗勇"。由于生活富裕及较强的独立生活能力，科贝特可以周游世界，四海为家。从律师事务所辞职以后，他决定把精力花在文学艺术上并开始了在世界范围内的旅行，先后去过埃及、印度、加拿大、美国，在远离欧洲大陆的一些地方，他逐渐意识到英国皇家海军的实力和影响力，这也是他后来对海军历史和战略产生浓厚兴趣的原因。其间，科贝特在空闲的时候开始了写作，并有过一段文学生涯。他创作的小说主要选择的是历史题材。科贝特早期的一些文学作品并没有得到广泛的流传，事实上，直到他1889 年发表了关于海军上将乔治·蒙克（George Monk）和弗朗西斯·德雷克爵士（Sir Francis Drake）的一篇真实题材的小说后，他在历史研究和写作方面的能力才开始得到人们的欣赏。后来他成了《帕尔摩报》（*Pall Mall Gazette*，创始于 1865 年，得名于伦敦的帕尔摩街）的一名记者，并在1896 年英国远征尼罗河岸边的栋古拉城（Dongola）时作为该报的随行记者。

科贝特在中年的时候才开始以一个平民的身份致力于海军史和海洋战略的研究。他从未当过兵，但他熟谙海军史。1893 年，英国海军组建了"海军史料学会"（Navy Records Society），海军历史学家约翰·诺克斯·劳顿教授（John

Knox Laughton）将科洛姆兄弟等当时英国一大批从事海军史研究的优秀人才招致麾下，负责编撰出版英国海军历史文件。正是在劳顿的邀请下，1896 年科贝特开始编辑一部1585—1587 年西班牙战争的文献，这是他作为海军历史学家并最终成为"无畏战舰"年代英国海军部非正式的历史顾问的第一步。在英国海军史料学会任职期间，劳顿和科洛姆的历史研究法、整体安全观以及对海陆联合作战的关注，都对科贝特产生了重大影响。

由于对伊丽莎白时代特别感兴趣，他的第一部历史著作就是写的那个时代。1898 年，科贝特出版了他的第一本著作——《德雷克和都铎王朝的海军：英国作为海上强国崛起的历史》（*Drahe and the Tudor Navy*），这部著作中的不少主张使得科贝特被置身于"海军历史学家的前列"。1900年，他出版了第二本书，名为《德雷克的继承者》（*The Successor of Drake*）。这两本书对于英国历史上的海上战争和联合作战都有颇为独到的见解。但是，直到他的妻子相信他能在这一领域有所作为以前，他还没有把精力全部放在海军历史的研究上面。在这之前，他的著作主要写的是海军和历史，之后才开始把他的研究与英国海军及海军军官联系起来，尤其是和约翰·费歇尔海军上将（Admiral Sir John Fisher，1904 年被任命为英国海军大臣）联系在一起。

1900 年，英国格林尼治皇家海军学院建校。1902 年，科贝特受聘为该学院的讲师，主要讲授海战课程（naval war course），从而开始了他的海军战略理论研究。这是他新事业的开始。其作战训练班主任梅上校（Captain W.J.May）允许科贝特自由选择教材，但必须以战术和战略为重点。梅上校认为"课程内容必须现代化，以使从其中所归纳出来的教训可以应用于今天的战争"，这也使得科贝特的理论研究更加偏重于指导实践。梅上校的继任者斯雷德上校（Captain Edmond Slade）是当时英国海军部中一颗正在升起的新星，此人深深影响了英国的海军情报和教育改革，斯雷德与费歇尔海军上将关系极为密切，也像科贝特一样，对于联合作战深感兴趣。斯雷德促使费歇尔扩大战争班，并提升了科贝特的地位。斯雷德认为只让科贝特去教四五十个学员实在是大材小用，他应该协助海军参谋总长建立一个咨询机构，其任务是对一切战争问题作有系统的独立思考，而不受海军部例行公事的干扰。1905 年，科贝特成为英国海军部非官方的战略顾问，并担任内阁历史室的秘书。

1906 年，科贝特开始系统研读克劳塞维茨的《战争论》，并对书中战争与政治之间的关系以及有限战争（limited war）等理论观点表现出了浓厚的兴趣，与此同时，科贝特也对克氏理论过于局限于陆战而忽视海洋因素的缺陷进行了批判。科贝特指出："很明显，克劳塞维茨的理论虽然博大精深、意境深远，但他却并未完全领会其理论的重要意义。他的观点完全是大陆性的，陆战的缺陷使其所确立的战争原则并没有得到进一步的延伸。"在此基础上，科贝特结合英国的海战历史，对克劳塞维茨"战争是政治的继续"以及由此引申而来的"有限战争"概念进行了进一步的补充和完善，而这也为其海洋战略理论研究埋下了伏笔。

科贝特从事战略教学与研究工作直到 1914 年为止，英国海军中有许多高级军官都曾受其教诲，真可谓桃李满天下。通过在皇家海军学院任教，科贝特的许多理论和思想传遍了舰队。尽管科贝特承认"作为一个平民，很难取得海军军官的信任，因为他们很少会听取一些无名小卒的意见或建议"。但是，科贝特表达了自己通过全面严谨的研究所得出的思想和观点，展示了自己在战略研究领域的能力，也正是在研究过程中，科贝特更加坚信海战的经验和战略在风帆时代和铁甲舰时代是相联系的，并认为这些经验中的大部分在未来也是很有用的。

在此期间，他为英国海军史完成了四部权威著作，其中包括其最佳历史著作《英国在地中海》（*England in the Mediterranean：A Study Of The Rise And Influence Of British Power Within The Straits，1603-1713*）和《七年战争中的英

国 》(*England in the Seven Years War：A Study in Combined Strategy*)。此外，他又为海军史料学会编辑了三套学术性的资料集。其中 1905 年出版的《作战指令》(*Fighting Instructions，1530-1816*) 和 1908 年出版的《通信与指令》(*Signals and Instructions，1776-1794*)，对风帆时代的海战演进过程的研究都是必要的资料来源。

科贝特在 1911 年出版了其经典名著《海洋战略的若干原则》，这本书的雏形常被称为"绿色小册"(The Green Pamphlet)，这本手册是在斯雷德上校的坚持和指导下才得以整理的 (1906)。它反映了科贝特和斯雷德两人对于两栖战争和克劳塞维茨理论的兴趣。正如海军学院历史学教授兰福特评论说："科贝特对海战理论的研究成果，使其跨入世界著名战争理论家的行列，并可与克劳塞维茨并驾齐驱。"

1914 年，科贝特被授予皇家部队联合研究所 (Royal United Services Institution，简称 RUSI) 的最高奖切斯尼金质奖章 (Chesney Gold Medal)，表彰他在军事科学研究领域的杰出成就。1917 年被授予爵士头衔。

科贝特在海军历史和海军战略领域的著作为他成为 19 世纪末 20 世纪初英国著名的海军历史学家和战略学家奠定了基础，他在海军领域的研究成果促进了英国皇家海军在那一时代的改革。他的《海洋战略的若干原则》到现在也是研究海洋战略的经典著作。科贝特是费歇尔的好朋友和忠诚的支持者。科贝特从海军领域开始研究并试图影响海军当局。他坚持认为，基于教育的目的研究和发展战争理论，"可以建立一种通俗的表达方式和思维平台，去寻求主次之间在心理上的作用"。通过在海军学院演讲，科贝特向海军将官们表达了他关于有限战争和防御战略的观点，他的观点与当时人们所接受的海军理论和战略形式有很大的不同。通过出版《海洋战略的若干原则》，科贝特设法让更多的人接受他的战略思想，以及让更多的普通民众了解他的战略思想。

但是作为英国海军部高级顾问的科贝特对于官方政策究竟有多大的影响力还很难断言。时任海军大臣的丘吉尔在对比科贝特与马汉的战略著作时，认为马汉的《海权论》是本"标准的著作"，而科贝特的著作则是"最佳的论述"。"一战"前，在费歇尔的邀请下，科贝特出任英国海军部的高级顾问，因此，他的思想和观点往往直接进入并影响英国海军最高决策层，对"一战"前后英国海军战略的制定产生了潜移默化的影响。然而，受时代条件的限制，科贝特的某些观点（如反对大力兴建主力舰，反对海军中心主义，以及主张采取"战略防御"的方式来达到"不战而屈人之兵"的目的），不仅与当时英国海军的主流观点相反，而且也触动了海军某些集团的利益，因此在英国海军内部引起了严重的分歧，直到"一战"结束后这场争论仍未平息。由于海军内部的意见分歧，再加上战略推行过程中的失当，科贝特的理论在实践过程中并没有取得预期的效果。达达尼尔远征的失败、英国海军在 1916 年日德兰海战中初战失利，使科贝特在英国遭到极大的非议。

1916 年 5 月 31 日至 6 月 1 日，英德双方在丹麦日德兰半岛附近北海海域进行了一场海战。这是第一次世界大战中最大规模的海战，也是"一战"中交战双方唯一一次全面出动的舰队主力决战。海战结束后，交战双方都宣称自己是胜利者，以至于双方如何评判也成了世界海战史上的一段著名公案。就战术而言，德国人的确是这场海战的胜利者。然而就战略而言，德国海军没能打破英国的海上封锁，全球海洋仍然是英国海军的天下，德国大洋舰队困在港内毫无作用，仍然是一支"存在舰队"。英国损失的舰只，凭着强大工业经济的支持，很快得到补充。正如美国《纽约时报》所评论的那样："德国舰队攻击了它的牢狱看守，但是仍然被关在牢中。"但就海战理论来看，很难说日德兰海战的结果是印证了还是驳斥了科贝特的理论。日德兰之战后，丘吉尔撰文替他自己在战争初期所采取的海军政策辩护（当时丘吉尔为海军大臣，费歇尔为海军参谋总长），就引用科贝特的著作来作为根据。对此，英国海军内部的严重争论直到第一次世界大战结束之后仍继续不断。这样遂使科贝特很难置身事外。

1914 年第一次世界大战爆发后，科贝特进入英国帝国防务委员会，负责编纂官方的海军史，并出版了《海上作战：依据官方文件的一战史》（ *Naval Operations：History of the Great War Based on Official Documents* ）。但 1923 年英国海军部发表声明，指出不同意科贝特的《海上作战》一书中所提倡的若干原则。此时科贝特已经辞世。科贝特没有机会阅读那份声明，然而他在生前就很清楚自己的研究成果与官方的分歧。他的写作能力和兴趣把他带向了研究"一战"中的英国官方海军历史，然而写官方历史有一定的局限性，在写作的过程中科贝特还必须接受偏离历史分析和考察的写作方法。实际上，他的许多写作是建立在不同集团之间的争论以及不间断的阻挠之上的。作为一个"官方历史学家"，在研究成果上与官方的意见分歧一直折磨着他的健康，直至他67 岁逝世。

历史背景及主要著作简介

科贝特在剑桥大学主修法律，毕业后的职业是法律顾问，然而，如前所述，就兴趣爱好而言，他更像一位历史学家；而就其学术生涯和研究成果来看，与其说他是历史学家，不如说他是海洋战略学家：历史研究（包括对具体海战事例的分析）为他的海洋战略思想研究提供了丰富的素材，从而奠定了坚实的基础。

科贝特从未穿过军装，早年的经历使他对皇家海军产生了浓厚的兴趣，对历史经验的重视及对蒸汽铁甲舰时代英国海军实力及地位的忧虑，促使他努力发掘历史经验对当时海军所起的作用，并在此基础上思考海洋战略理论，且以此为依据来总结英国在"一战"中的海上行动。科贝特的研究成果沿着历史研究、理论总结、理论评析的历程逐步得以深化（其著作详见"主要著作"）。英国海军的发展历程是科贝特将研究结论用于指导英国海军建设现实的重要背景和原因。

历史背景：英国海军的发展历程

从大约 1692 年到第一次世界大战之间，英国海军是世界上最大、最强的海军；并帮助英国成为 18 世纪和 19 世纪最强盛的军事及经济强国；也是维持大英帝国的重要工具。

在英国，首次使用有建制的海上力量的人是韦塞克斯（Wessex）的阿尔弗雷德大帝（Alfred the Great），他派遣舰只抵御北欧海盗的入侵。海军的行动一直是地方性的、防御性的和暂时性的。都铎王朝时期，在伊丽莎白一世的领导下，海军发展成为英国主要的防御力量，并成为英帝国全球扩张的手段。到斯图亚特王朝时期，查理二世将海上力量定名为皇家海军，虽然在英国内战期间（1642—1651），军队是由国会控制的。1688—1763 年间，皇家海军与法国海军为争夺海上霸权进行了漫长的斗争，经过四次战争，英国战胜了法国。在英国抵御拿破仑的战争中，皇家海军具有关键作用，1805 年赢得特拉法加海战（Battle of Trafalgar）之后，皇家海军再未遇到法国的挑战。

"和平世纪"（1815—1914）是近代英国海军发展的重要阶段，皇家海军有助于维持所谓英国式的和平，即由于主要欧洲国家间力量平衡而出现的长期相对和平局面，这在很大程度上取决于英国海上霸权的维持和使用。

1. 1815 年的转型

在 19 世纪相当长的时间里，英国的工业实力居世界第一。即便在 19 世纪后期，由于新兴大国的崛起，英国失去了第一工业国的桂冠，但由于惯性和对全球资源产地的控制，英国依旧拥有新兴大国无法匹敌的综合国力。在强大国力的支持下，从 19 世纪到 20 世纪初期，英国海军实力独步全球。

19 世纪初期，随着特拉法加海战的胜利和拿破仑政权的最后崩溃，英国海军在欧洲和全世界已无对手。1815 年，英国皇家海军调整其建设目标，从建设一支"打不败的舰队"转为"敌人不敢冒险进攻的舰队"。

这一时期，风帆战列舰依旧主宰着海洋，但已有少量蒸汽舰船加入海军。此时的英国海军主要由大、慢、结构坚实、火力猛烈的风帆战列舰组成，在当时达到了战舰建造技术的极致，是一支用于海上决战的力量。但要建设一支"敌人不敢冒险进攻的舰队"，则需要大量速度快、吨位稍小、火力较强的大中型战舰，即除了保持足够数量的战列舰之外，还需要大量的护卫舰和巡洋舰，以维持英国庞大的海外殖民地。

与此同时，海军技术也随着第一次工业革命的完成而得到迅速发展。1821年，法国炮兵军官帕克汉斯发明了杀伤力强于实心弹的榴弹，并首先装备法国海军。1846年，意大利制造出第一门后装线膛炮。在舰艇技术方面，1813年，美国人富尔敦建成了第一艘以蒸汽为动力的军舰。1837年，瑞典人埃里克森发明了螺旋桨推进器，并帮助美国建造了第一艘螺旋桨战舰——"普林斯顿"号。

2. 19世纪中后期的英国海军

正如英国海军部官员所说："法国科学家和工程师们一再希望用划时代的新舰艇来打倒英国，夺得海洋霸权，有两次他们几乎超越了皇家海军，一次是在1850年，'拿破仑'

号蒸汽船下水，一次是在1858年，'光荣'号铁甲蒸汽舰下水。"尽管英国并不是这些新技术的发明国，但海权大国的敏锐眼光使得英国立即引进并掌握了这些新技术，将之运用于海军。

从1815年到1856年克里米亚战争结束，英国海军完成了其第一次战略转型。

1853年爆发的克里米亚战争是世界海军史和国际关系史上里程碑式的历史事件。1854年1月，英法舰队进入黑海，俄国对英法宣战。此时的英法联军已普及了线膛炮，舰队中蒸汽舰船的数量也大为增加。在绝对的技术优势下，俄国黑海舰队土崩瓦解，残余的风帆战舰被俄国人凿沉以堵塞航道。在取得黑海的绝对制海权之后，英法联军于同年6月在克里米亚半岛登陆。来自顿河的沙俄哥萨克骑兵猛烈冲击英法联军，数次在战斗中给英法联军造成重大杀伤，战争一度呈胶着状态。但英法掌握黑海的绝对制海权，从而在后勤、火力支援上始终占据主动。尽管陆地战争中双方各有胜负，但后劲充足的英法联军人少补人、枪丢补枪，经过苦战终于攻占塞瓦斯托波尔。1856年3月，《巴黎和约》签订，黑海中立化，俄国失去了在黑海拥有舰队的权力。

英法联合舰队与俄国黑海舰队的较量，是一场不对等的局部战争。因此，在海上占据技术和数量优势的英法顺利取得了制海权，并将之用于支援对陆地的攻击。克里米亚战争的获胜，证明英国海军的全球海洋霸权日益巩固，并从以往的威慑性力量，进而发展到能对一个中等西方工业国家的濒海地区进行直接打击。

19世纪60年代到80年代初，尽管发生了普奥战争、普法战争，但欧洲海上局势相对和平，法国在普法战争中遭遇毁灭性打击，已不再对英国的海上霸权构成威胁。但这一时期正是蒸汽螺旋桨舰队大发展的时期，而英国同样也敏锐地看到了海军技术发展的巨大作用，再次在蒸汽舰队的海军竞赛中夺得桂冠。

这一时期，英国凭借其强大的工业实力迅速在新式战舰的建造竞赛中超过了法国，海军舰船实现了蒸汽动力化和装甲化。以第二次鸦片战争为例，英国的远征舰队中仅有一艘风帆推进的战舰，且在开战不久即将其替换回国，与第一次鸦片战争时期的英国入侵舰队相比，仅仅二十年过去，舰船面貌就完全焕然一新，而这仅仅是针对一个东亚落后国家的殖民战争，英国海军当时的整体实力可见一斑。

英国海上实力的急速膨胀和竞争者的相对衰落，使得英国拥有了现实的全球性海洋霸权。欧亚非海域的"五把战略大锁"以及日益密布的航线是其海权的直接体现，也是其海洋霸权的保障。正如剑桥战争史所说："英国之外所有国家的海军吨位之和，也不及英国海军……英国由于拥有除达达尼尔海峡之外的所有扼守重要海上航线的殖民地而独占鳌头。"

3. 19世纪末期英国海上霸权地位的动摇

从19世纪80年代中期开始，美德两国的工业产值相继超过了英国，英国丧失了工业霸主的地位，而列强经济与海外权益的不平衡导致了一场空前规模的军备竞赛，海军是优先发展的对象。这一时期英国海上实力仍旧是世界第一，但由于其他强国海上力量的不断发展，英国海军只能勉强维持"双强标准"，即英国海军的总吨位要大于或等于世界第二和第三海军强国的吨位之和。

这一时期，对英国的海上霸权发起挑战的国家更多。不仅有从战争中恢复的俄国和法国、新兴的美国和德国，甚至还包括东亚新崛起的日本，各国间的海军竞赛一发而不可收。其中，德国海上力量的崛起对英国构成了最为直接的威胁。英国被迫把注意力放在了欧洲，集中力量对付德国。为此，英国于1901年同美国签订了第二个《海约翰—庞福斯特条约》，放弃了在北美的海上优势，同意美国修建和管理巴拿马运河的权力；1902年放弃"光荣孤立"政策，与日本结成同盟；1904年与法国结盟；1907年与俄国结盟。利用这些结盟体系，1912年3月，英国大西洋舰队得以从直布罗陀撤回本土，地中海舰队则撤至直布罗陀驻防。1913年，英国内阁明确宣布，皇家海军的首要任务是保卫本土水域。

尽管英国采取了收缩防御的海上战略，但在这一时期，英国的海军实力依旧凌驾于其他国家之上。1908年，英国海军舰艇总吨位大致相当于美、法、德三国之和，战列舰数量超过美国和德国之和。在质量上，英国也在这一时期始终保持领先。19世纪80年代后期，英国在战舰上普及小口径管退式速射炮，并迅速研制出大口径管退式舰炮，作为战列舰的主炮。1893年，英国"皇权"号战列舰服役，性能优于同时期美、德建造的战列舰。新技术的不断应用，也使得英国在海军军备竞赛中获得先机。1906年，"无畏"号战列舰服役，从而开启了海军的"无畏舰时代"，跨越式的技术发展使得各国现役和正在建造中的"前无畏舰"完全过时，引领了海军技术革新的潮流，也为英国在海军竞赛中赢得了宝贵的时间。

值得注意的是，这一时期英国海军虽然主力收缩，为未来的本土海上防御战作准备，但其遍布全球的殖民地依旧有较强的海上力量，世界的主要水道依旧在英国手中。在这一时期，英国还发动了数场非洲的殖民地战争，参与了八国联军侵略中国的战争，显示出此时的英国海上力量尽管主力被禁锢于本土，但其殖民地分舰队依旧有进行一场局部战争的能力。

主要著作

科贝特学术研究生涯恰是英国依然处于海上霸主地位的时代。如前所述，科贝特的学术研究特点是从历史中得出对现实有指导意义的经验。总的来看，科贝特的代表作包括《英国在地中海》、《七年战争中的英国》、《日俄战争中的海战：1904—1905》（*Maritime Operations in the Russo-Japanese War：1904-1905*）、《特拉法加战役》（*The Campaign of Trafalgar*），以及其传世之作《海洋战略的若干原则》。与几乎同时代的马汉相比，在著作的数量上是马汉领先，但在质量上科贝特可能后来居上。这些著作被包括马汉在内的海军史学家和战略学家所推崇并经常引用，相对于对英国海军当局的影响而言，这是对科贝特学术贡献的极大告慰。

1. 历史著作

科贝特最主要的学术思想体现在其海洋战略领域，且鉴于我们在这里重点讨论科贝特作为英国海洋战略思想大师的一面，因此，本书此处只简要列举科贝特历史著作中的一些结论或观点。

（1）历史可以提供原理性的结论。历史是已经记载的经验，历史的经验价值为许多政治家、军事家所重视。科贝特在《七年战争中的英国》一书中特别提到魁北克的征服者沃尔夫，对他当年身为下属时所参加的军事活动作了详细的记录和评论——保存自身经验的记录为他在未来担任统帅的事业中获益匪浅。作为军事历史学家（同时也是一位海军历史学家），科贝特重视历史，重视前人的军事研究成果，善于运用自己对历史资料的驾驭来阐述、提炼战略原理和结论。

（2）在制订一切军事计划中必须正确估计国际形势，并将其作为军事计划的必要因素。科贝特认为，在七年战争中，英国的行动之所以强而有力，就在于海军、陆军还有外交等这些因素都掌握在老皮特这个大人物手中。尽管他也曾用过专业顾问，但最后的战略决策仍然由他作出。老皮特对这些方面的情况进行统一权衡并将它们协调于共同行动之中，使它们相互支持对共同行动发挥最大的作用。海军军官都应注意国内外形势，海上战略的成效取决于政治家、海军、陆军等各方面的密切合作。科贝特的这一论点后来成为其战略思想中的一个必要组成部分，尽管在当时曾遭遇忽视、怀疑甚至诋毁，但却经受了历史的考验，并在1911年受到极大重视。

（3）位置对战争进程具有重要性。拿破仑曾有名言，

"战争就是处置位置"。交通线及海上焦点地区是科贝特海洋战略思想中的主要议题。在《英国在地中海》一书中，科贝特通篇介绍了导致英国进入地中海的诸多偶发事件，并由于把其海军以地中海为稳固的基地而使英国成为地中海的强国；同时进而又说明了英国优势海军力量于地中海的存在，必然有助于军队在陆上发挥作用，从而影响战争的总体进程。直布罗陀海峡的战略价值也是显而易见的。科贝特将威廉三世制定的决策（*其中包括十年之后才攫取到手的直布罗陀*）评价为海军史中最勇敢也是最重要和最果断的行动之一。《英国在地中海》一书所涵盖的年代大致从都铎王朝末期到《乌得勒支和约》（1713）为止，后者标志着西班牙王位继承战争的结束。这段历史见证了英国海上实力和地位的逐步崛起。

（4）海权的有限性。科贝特发现，特拉法加战役的直接后果出奇的小，与其形成鲜明对比的是1806年拿破仑耶拿之战的胜利直接导致了普鲁士政权的垮台。海权并不能直接推翻一个主要的欧洲国家，但是海权具有独特的消耗能力。应用海权进行经济消耗和战争压制的基本方式就是封锁。

2.《海洋战略的若干原则》

《海洋战略的若干原则》是由科贝特在海军学院的讲稿整理而成。他的讲稿最初整理为《海军史讲义中所用的战略术语和定义》（*Strategic Terms and Definitions Used in Lectures on Naval History*），但实际上是对战略的基本解释。此后整理称为"战略笔记"的文件，又常称为"绿色小册"。这本手册几经修改最终出版，即经典名著《海洋战略的若干原则》（*Some Principles of Maritime Strategy*），于 1911 年由英国伦敦康韦海滩出版公司第一次出版，1972 年由该公司再版，美国海军研究所在 1988 年还曾有新版问世（**该版本以附录形式收录了"绿色小册"**）。

《海洋战略的若干原则》是科贝特的传世之作。本书建立了科贝特的海洋战略理论体系，提出了独到的海洋战略理论原则。作者在本书及其另外的一些著作中提出的理论，对两次世界大战中的英国影响颇大。此书比马汉的《海权对历史的影响（1660—1783）》只晚了二十年左右，比马汉的《海军战略》早了几个月，称得上是与马汉著作同时代的西方海上战略理论名著。

《海洋战略的若干原则》的篇章结构以作者在海军学院讲课的思路为线索，以作者渊博的历史知识为基础，从战争的一般理论入手，进而分析海战的理论和海战的实施，层层深入，逻辑严谨，提出了许多极有价值的理论见解。

《海洋战略的若干原则》一书分为导言和三大部分。

导言主要论述"战争的理论研究——其有用性和局

限性"。

第一部分"战争理论"包括：第一章"战争理论概述"，第二章"战争性质——进攻和防御"，第三章"战争性质——有限和无限"，第四章"有限战争和海上帝国"，第五章"无限战争中的有限干涉"，第六章"决定有限战争强度的因素"。

第二部分"海战理论"包括：第一章"目标理论——制海权"，第二章"工具理论——舰队结构"，第三章"方法理论——海上力量的集中与分散"。

第三部分"海战实施"包括：第一章"概论"，第二章"夺取制海权的方法"，第三章"保持制海权的方法"，第四章"使用制海权的方法"。

在上述三部分中，第一部分是对当时欧洲有关战争理论著作的概述，颇具宏观价值。

第 2 章

科贝特的战争理论

对英国等海权国家来说，研究海洋战略原则具有重要意义。科贝特生活在 19 世纪后半叶，他所处的时代，正是英国海上霸权最为强盛的时代，因此，科贝特的海军战略理论是基于当时英国海军现状的，即为一支实力强大、海军基地和殖民地遍布世界的全球性海军量身定做的海上战略理论。在《海洋战略的若干原则》一书中，科贝特建立了自己的海上战略理论体系，提出了独到的海洋战略理论原则。在科贝特看来，海洋战略原则可从历史研究中推导出来，有助于人们完成未来的海战任务。海上战争存在着永恒的原则，海军指挥员了解这些原则，便能获得关于海上战争的某些共识及理论。

科贝特战争理论概述

作为历史学派的代表人物，科贝特在《海洋战略的若干原则》一书中首先精辟地评析了传统的战争理论及观点，尤其是克劳塞维茨与若米尼的思想，同时对于若干公认的军事教条科贝特也发表了与时人完全相反的意见。

"海洋战略是大陆战略的延伸"

科贝特继承了克劳塞维茨"战争是政治的继续""战争无非是政治通过另一种手段的继续"的理论思路，强调海洋战略只有在国家大战略的指导下，与国家的政治、外交和经济战略紧密配合，形成合力，才能以最小的代价，换取最大的利益。

科贝特认为："由于战争是政治的继续，所以很明显，任何政治概念以外的因素，特别是与海陆军行动密切相关的一切因素，都只是我们用来实现政治目标的手段。因此，战争计划的首要原则，手段必须尽可能不与战争的政治条件发生冲突……军事行动仅是国家政策的表现形式，它绝对不能代替政策，所以政策永远是目标，而战争只是我们实现目标的手段，手段必须永远以目的为考量。"因此"海军战略并不是一个单独的知识分支，它是战争艺术的一个组成部分……海军战略或舰队战略只是战略的一个组成部分，所以不能仅从海军作战的观点来研究战略，真正的方法应是从整体上把握战争理论，将海军战略与国家的整体战略有机地结合起来。"

基于此，科贝特表示他不同意战略有陆海两派之说，他认为海洋战略只是大陆战略的延伸，而并非彼此对立。他认为，克劳塞维茨为领先的现代理论家（还有若米尼，不过略逊一筹），他想要将克劳塞维茨未完成的著作推广到其未曾研究过的海洋方面："站在克劳塞维茨和若米尼所已经到达的终点上，我们的确只是站在这个问题的门槛上而已。我们必须从他们离开的地点开始起步，并探求对于世界现状（海洋在其中已经变成一个直接而重要的因素）他们的意见又是怎样。"科贝特强调海洋战略是更大的国家战略的组成部分，换言之，海上战略目标是根据国家政策目标制定的，必须结合国家政策考虑海战的性质，即海洋战略是为大陆战略服务的工具。科贝特的经典名言是："人类是在陆地上生存繁衍，而不是在海中。"

由此，科贝特将国家大战略、海洋战略（军事战略）和海军战略这三个不同层次的战略概念有机地整合在一起，并由上至下构建了一个三层战略体系。科贝特认为，各级战略之间不仅是指导与被指导，而且也是互相支持、互为呼应的关系，因此不能仅从海战的角度来研究战略，必须把海洋战略看成国家大战略的一部分，必须坚持在国家大战略的背景下，来考虑海军战略的问题。科贝特指出："从最广泛的意义上说，大战略与国家用于战争的全部资源有关。大战略是国家政治的一个分支，它将陆军和海军视为国家整体军事力量的一部分，是国家的战争工具。它必须时刻牢记国家的政治和外交立场（决定军事工具行动的有效性），以及国家的商业和财政形势（为军事力量提供动力）。"

可以说，科贝特较早系统地阐述了大战略的基本内涵，及其与军事战略和军种战略之间的关系，进而更新和发展了克劳塞维茨战略理论的基本内涵，因此其战略理论已远远超出军事战略思维的范畴，并带有国家大战略思维的鲜明色彩，标志着西方战略理论在发展进程中出现了一次较大的飞跃或质变，为西方后来的"大战略"研究奠定了坚实的理论基础。

海陆军联合作战

在综述欧洲战争理论时，科贝特首先承认克劳塞维茨和若米尼的著作使他获益良多，然后又说明他的意见与他们的陆军门徒有所不同。同时又表示，他不是极端的海军主义者，并深知海陆军的功能各自有其限度。

科贝特指出，海上战争与陆上战争都同为整个战争现象的一个分支。他主张应用海洋战争这个名词而不用海军战争，因为无论就手段和目的而言，它都超出海军行动范围之外，而且与陆上行动的发展有密不可分的关系。而就全局而言，海上战争的地位较次于陆上战争。

因此，科贝特强调海军与陆军联合作战的重要性。他指出，海战目的不仅是寻歼敌舰队，更重要的是战略目的。即使在海上取得决定性的胜利，也不能阻止一个强大的、资源丰富的陆权国家，如德国和俄国，在欧洲大陆上破坏"国际秩序"。

从国家战略出发，科贝特重新评价了拿破仑战争中英国海军的作为。科贝特认为，特拉法加海战并不是决定战争胜负的转折点。英国虽然在海上决战中击败了法国舰队，从而获得了大西洋和地中海的制海权，使得法国丧失了北非的殖民地，但法国依旧依靠其强大的陆军占据着欧洲大陆。在特拉法加海战之后，法国依旧在陆地上采取攻势，继击败普鲁士、奥地利之后，又于 1812 年远征俄国，在远征俄国遭到彻底失败之后，拿破仑帝国才真正衰落。在此期间，英国始终掌握着制海权，但由于未能将海洋战略与大陆战略紧密结合起来，因此，海军未能很好地对陆军的行动起到支援作用。

　　鉴于此，科贝特提出：海军不能单独夺取战争的全面胜利，必须学会与陆军紧密结合，共同完成政府赋予战争的政治目标。科贝特认为："战争几乎不可能仅凭海军行动来决定胜负。若无协助，海军的压力只可能用消耗方式来发挥作用。其效果必然很迟缓，而且也会使我方及中立国的商业受到严重损失。所以，一般的趋势往往都是接受并不具有决定性的和平条件了事。若欲决胜则必须使用较迅速而猛烈的压力。因为人是生活在陆上而非在海上，所以除极少的例外，都是采取两种方式来决定战争胜负：其一是陆军进占敌国领土，其次是海军使陆军有此可能。"

　　由于人是生活在陆上而不是海上，最后的决战必须在陆上进行。成功的海上战略必须重视陆军与海军的关系，只有使陆军和海军达到正确的均衡，并恰当地使用它们，才能取得胜利。因此科贝特认为，与陆军联合作战才是海战的最高杰作。

　　海、陆联合的有限战争理论是科贝特的理论贡献之一。科贝特以英国为例，通过分析英国由弱至强的海战发展史，结合海洋国家"海强陆弱"的基本特点及其所具备的地缘优势，认为"有限战争可能永远只适合于岛国或由海洋阻隔的大国之间"，并提出了以海陆联合作战为基本模式的海上有限战争理论，从而进一步补充和完善了克劳塞维茨的有限战争理论，使其更加贴近现实。从这个意义上，如果说克劳塞维茨回答了"什么是有限战争"的问题，那么科贝特则阐释了"谁适合打有限战争"以及"如何打有限战争"两个问题，因此"科贝特发展了有限战争的概念，为战略理论研究，特别是海军战略理论研究，作出了创造性的贡献"。即使在战争升级为无限战争时，也应通过"无限战争下的有限干涉"模式，即与陆上大国结盟，投入有限兵力的方式来击溃敌人，将战争的损害减小到最低限度，同时达到战略目的。与若米尼、克劳塞维茨和马汉过于注重集中优势兵力，强调通过正面会战来歼灭敌军的消耗战模式相比，科贝特的观点则更为理智和冷静。他认为英国海陆联合作战，并不是通过直接接近和歼灭敌人的方式达到目的，而是采取间接路线，即不集中攻打敌人重兵防守的心脏地带，而是对敌方防守薄弱的关键环节（如海上交通枢纽以及沿海地区）实施一系列快速和出其不意的打击，用间接和迂回的手段削弱敌方抵抗意志，以便支援盟国的陆上作战，进而将敌军一举击溃。科贝特指出："英国或海洋国家的战争模式，是运用有限战争的方式来实现无限战争的目标，来配合我们盟友在陆上的大规模作战……我们由于控制了海洋，所以能够灵活选择战场而使战争实现真正意义上的有限。"英国在随后所参与的几次欧陆大规模战争中，如七年战争、拿破仑战争、克里米亚战争以及后来的两次世界大战，基本都具有上述特点。

科贝特在对英国成功的历史经验进行概括时指出，虽然英国的国土面积和人力资源都十分有限，无法组织起一支与大陆国家相媲美的强大陆军，但是由于英国拥有一支实力强劲的海军，因此可通过海陆联合作战的模式来实现有限战争的目标，向外界证明"一个陆上军事弱国通过有限战争的方式，也能成功地将其意志强加给陆上军事强国"，而海陆联合作战也成为"英国实施有限战争的标准模式"。

科贝特所主张的联合作战包括两个层次的含义：首先，从狭义上看，是海陆两军之间的联合作战。科贝特通过分析英国战史，认为英国的敌人主要来自陆上，因此海洋战略的终极目标是对陆上事务施加影响，海洋战略的实现必须要依靠海陆两军的密切配合。科贝特指出："由于人生活在陆上，而不是海上，因此战争时期国家间的主要问题，除非在极少数情况下，一直都是由陆军通过侵占敌国领土以及破坏敌国国计民生的方式来解决，或者依靠海军为陆军提供协助，使其能够完成陆上作战任务"，所以"有限战争成功与否，主要取决于海陆联合行动的密切程度，因为海陆联合作战能够使海、陆分遣队具备超出其内在实力的机动力和战斗力。"

其次，从广义上看，是联盟作战。长期以来，联盟战略不仅是英国国家安全战略和军事战略的支柱，也是英国参与国际事务、处理危机和冲突、维护其全球和地区利益的重要手段。由于英国本国人力资源有限，所以其陆军规模根本无法与欧陆大国相比，因此，在欧陆均势失衡以及展开大规模的海外远征行动时，英国只有通过联盟的方式，借助另一大国的陆上力量来弥补自身实力的不足，将海上优势转化为陆上优势或者海上优势与陆上优势相结合，才能彻底击败陆上敌国，取得最后的胜利。科贝特指出："我们一直采用的有限战争模式，与大陆上的盟友为实现无限战争的目标，即击败我们共同的敌人，而展开联合作战，而且我们也取得了全面的胜利。"

在此基础上，科贝特根据作战区域的不同，又将英国所实施的海陆联合作战分为两大类：殖民地战争和欧陆沿海作战。

1. 殖民地战争

科贝特指出："海陆联合作战的第一种模式，是殖民地战争或以远方海外领土为目标的战争，其目的完全是为了征服。"他认为两次鸦片战争是英国海陆联合作战的典范。1849年，英国领事阿礼国在给英国女王报告中的一段话，也许是对英国殖民地有限战争模式的最好概括："在中国这样一个幅员辽阔、人口众多的帝国中，派遣一支小型舰队到大运河口，便能够发挥效力。这是较之摧毁中国内地或沿海口岸的 20 个城市更为有效的一种威胁办法……因此将来订立任何政策，都要考虑这种事实和看法，以替代不得已而进行的现实敌对行动……摆脱一场计议中消耗极大而且拖延时日的战争的麻烦。"

2. 欧陆沿海作战

"英国海陆联合作战的第二种模式，是在欧洲大陆沿海地区所展开的作战行动，其目的并不是为了永久性的占领，而是为了扰乱敌方计划，加强盟友和我方实力的一种手段。"他认为，英国在欧陆爆发大规模的无限战争过程中，不必派遣其全部兵力应战，只需派遣一支海陆联合作战分队在欧陆沿海具有战略意义的关键地区配合盟军作战，就能对整个战局产生举足轻重的作用，因此，"我们的领土目标必须集中在大陆沿海地区，使我们的敌人无法控制海洋。这样……就会极大地扰乱敌人的主攻方向"。

上述战例基本反映了以英国为代表的海洋国家实施有限战争的特点。科贝特认为，在海陆联合作战中，海军的主要任务是为远征军提供海上支援，而陆军部队的主要目的则在于从陆上配合海军歼灭负隅顽抗的敌海军舰队，其目的则是"用有限战争的方式达到无限战争的目的"，彻底瓦解敌国威胁英国海上安全的能力，进而巩固和扩大英国的制海权。

海洋国家的作战区域

科贝特通过分析英国海战史中的成功经验，总结出海洋国家对外作战的主要目标都集中在两大地区，即"在战略上易于海军实施阻断和隔离"的地区（如海岛或半岛）和"通过海陆联合战略行动能够造成实际隔离效果"的地区（如沿海地区），而不应舍己之长在陆上过度扩张，进而陷入无限战争的深渊，因此科贝特向海洋国家提出了一句忠告："为了真正实现有限战争的理念，我们必须远离大陆战场，转而进行联合作战或海上作战。"在总结日俄战争中日本的战略时，科贝特也指出："只要日本按照有限战争的原则，正如克劳塞维茨和若米尼以及从我们英国丰富的经验中所推理出来的原则那样，那么他们就能取得意想不到的成功，但是他们如果偏离了这些原则，而要自讨苦吃，陷入大陆理论的混乱状态中去，那么他们必将对令其无法接受的失败而感到惊奇。"从历史上看，以日本和英国为代表的海洋国家，由于在陆上过度扩张，致使其国际地位一落千丈，也验证了科贝特观点的某种先见之明。

战略防御与进攻

科贝特强调防御的利益。他借鉴克劳塞维茨的观点，认同防御的积极作用，同时同意毛奇的观点，认为战略攻势配合战术守势实为最有效的战争形式。

战略防御

战略防御是指武装力量为抗击敌对战略集团的进攻和重创敌人，扼守本国领土的要塞地区，以及为转移战略进攻创造条件而采取的军事行动。但被迫转入战略防御则表明已成为敌人优势兵力攻击目标和失去进攻能力。从概念上看，防御的是抵御进攻，其特征则表现为等待进攻。在防御战局中可以有进攻行动，在防御会战中也可以使用某些兵力进行进攻。因此，防御这种作战形式绝不是单纯的盾牌，而是由巧妙的打击组成的盾牌。防御无非是一种更为有效的作战形式，人们利用这种形式以便在取得优势后转入进攻，也就是转向战争的积极目的。

当防御者取得显著的优势时，防御就已经完成了它的使命，如果防御者不想自取灭亡，就必须利用优势进行反攻，来防止敌人的第二次进攻。所以应该把转入反攻看作防御发展的必然趋势，是防御的一个基本组成部分；不论在什么场合，如果通过防御形式所取得的胜利在军事上不以某种形式加以利用，那就是一个重大的错误。迅速而猛烈地转入反攻是防御最辉煌的部分。

科贝特认为："防御应该是这样的：尽可能地准备好一切手段，有一支能征善战的军队，有一位不是因心中无数而提心吊胆地等待敌人而是行动主动、沉着冷静的统帅，有不怕围攻的要塞，最后，还有不怕敌人而使敌人害怕的坚强的民众。具备了这些条件以后，防御同进攻比较起来，大概就不会扮演可怜的角色了，而进攻也不会像某些人所说的那样轻而易举和万无一失了。"

战略进攻

战略进攻是武装力量为达到战略目的而采取的军事行动的基本类型。实施的方法是由各军种在一个或数个战区按最高指挥机关的统一指挥、计划，实施一系列进攻战役。战略进攻能粉碎敌军战略集团，占领敌军战略地域，从而能根本改变军事政治局面或导致战争结束。

战争中的防御不是绝对的等待和抵御，也就是说，防御不是完全的忍受进攻。相反，它是一个相对的自始至终带有进攻因素的过程。同样，进攻也不等同于只有单纯的进攻，它始终是与防御相结合的。两者的差别在于：没有反攻的防御是无法想象的，反攻是防御的必要组成部分；而进攻则不是这样。进攻或进攻行为就其本身而言是一个完整的概念，防御对其来说并非必要的组成部分。这是因为，第一，进攻不可能一气呵成，直到战争结束。它需要一定的间歇，在间歇的时间里，自然就成为防御状态；第二，进攻军队通过后，留在其身后的区域空间是维护进攻军队生存所需要的，这个空间并不总是能受到进攻的保护，它必须专门加以防守。

战争中的进攻行为，尤其是战略进攻行为，是进攻和防御的不断转化和紧密结合。防御在这里不是对进攻的有效准备，也不是为了增强进攻力度；它不是一种积极因素，而是一种不得已的行为，是给各方面带来困难的延缓力量，是进攻的致命伤。之所以说防御是一种延缓力量，是因为防御即使没有对进攻造成不利，它所体现出来的时间损失本身就必然会降低进攻的效果。但是，并不是说每次进攻包含的防御因素都对进攻产生不利影响。正如人们所说，进攻是较为不利的作战形式，防御是较为有利的作战形式。由此可以断言，防御并不会对进攻产生不利影响。因为当兵力强大到足以采取较不利的作战形式时，对采取较有利的作战形式就更不在话下了。战略防御之所以能发生如此作用，其中一个原因在于：进攻不可能不和防御相结合。在进攻的间歇，进攻方处于不利的防御形式时，防御中的进攻因素就能积极地发挥作用。

因为进攻只是一个积极因素，所以进攻并不像防守那样有不同的方式。当然，进攻在其威力、速度、力量方面也是有区别的，然而这只是程度上的区别，不是方式上的。进攻也不像抵御方式那样可分为不同的等级。进攻的规模大小通常最终取决于兵力，当然也取决于敌人战区附近的要塞，这些要塞对进攻起着显著的影响。不过要塞的这种影响会随着军队的推进而变得越来越小。本方的要塞，在防御时，常常是本方所依仗的重点；而在进攻时，它的作用不会有在防御时那样大。

打垮敌人是战争的目的，消灭敌人的军队则是手段。无论是进攻还是防御都是如此。防御可以通过消灭敌人的军队转为进攻，进攻可以占领领土，这就是进攻的目标。这个目标可以不是整个国土，而只是一部分国土、一个要塞，等等。所有这些在双方议和中都是很有价值的政治资本。

战略进攻的目标可以分作很多层次，大到占领整个国家，小到占领最不重要的地方。进攻的目标一旦实现，进攻也就随之停止，并转化为防御。人们据此似乎可以把进攻看作有特定范围的。但科贝特认为，如果实事求是地分析，情况并非如此。进攻的意图和手段在何时转为防御，通常并不能在事先确定好。军队指挥官很少或者至少不是常常可以预先准确地确立进攻的目标，他要根据事情发生的具体情况来确立和调整。进攻通常是要比原来的设想走得远一些。但是，有时进攻在指挥官原来设想的时间之前就停止了，转为真正的防御。从这里就能看出，如果成功的防御能不知不觉地转化为进攻，那么进攻也能在不知不觉间转化为防御。

战略防御与进攻的相互关系

进攻和防御是可以区别开的两个概念，但防御的规则以进攻的规则为基础，而进攻的规则又以防御的规则为依据。如果从哲学上来研究战争的发生，进攻和防御相互作用的起点就是进攻。科贝特从战术和战略两个领域来分析两者之间的关系。

从战术领域来看，在战斗中克敌制胜的因素虽然包括军队的优势、勇敢、训练或其他素质（但这些通常不包含在军事战略艺术的范畴内，而且它们对进攻和防御所起的作用是相同的），但比较重要的、极有利于取胜的因素只有三个，即出敌不意、地形优势和多面攻击。从这些因素来看，进攻和防御的关系应该这样理解：进攻者只能利用第一个和最后一个因素的一小部分，而防御则可以利用这两个因素的大部分和第三个因素的全部。例如，进攻者只能用全部军队对敌人的全部军队进行一次真正的奇袭以取得出敌不意的效果，而防御者却能够在斗争过程中通过不同程度和方式的奇袭不断做到出敌不意；防御者可以充分地利用地形优势，可以在选好的地形上配置军队并在战斗前熟悉地形，隐蔽在这种地形中必然比进攻者更能出敌不意。

从战略领域来看，所谓战略成果，一方面是指为战术的胜利做好的有效准备，这种准备越充分，战斗中的胜利就越有把握；另一方面是指战术上已取得的胜利。会战胜利以后，战略能够通过各种安排使会战胜利产生的效果越多，它能够从基础已被会战动摇的敌军那里取得的战利品就越多，它的成就就越大。能导致这种成果或使得这种成果容易取得的主要条件，也就是在战略上起作用的主要因素有以下几个：（1）地形优势。（2）出敌不意。（3）多面攻击；以上三个因素同在战术上的三个因素是相同的。（4）战区通过要塞及其一切附属设施所产生的有利作用。（5）民众的支持。（6）对巨大精神力量的利用。

从以上这些因素看，进攻和防御的关系如下：

作为第一因素的地形优势，防御者占有地形优势，而进攻者具有奇袭的有利条件，这在战略领域和战术领域完全相同。但是应该指出，奇袭这个手段在战略领域比在战术领域更有效，也更重要。在战术领域，奇袭很少能够发展成为大的胜利，而在战略领域，通过奇袭一举结束战争的情况却不少见。但必须指出，采取这个手段是以敌人犯了重大的、决定性的、少见的错误为前提。

第二个因素，在一定地点配置优势兵力造成出敌不意，这又同战术上的情况非常相似。如果防御者把兵力分割配置在自己战区的若干通道上，那么进攻者显然就拥有了以全部兵力打击某一部分的有利条件。如果防御者不必担心，敌人利用未设防的道路奔向重要仓库或补给站和未做准备的要塞或首都，它就没有任何理由分配自己的兵力，即使防御者存在这种顾虑，它也应该到进攻者选定的道路上去迎击敌人，否则就会失去退路。如果因为给养关系使分割兵力不可避免，进攻者不得不分兵前进，那么，防御者显然还处于有利地位，能够以自己的全部兵力来迎接敌人的部分兵力。

第三个因素是多面攻击。在战略领域，侧翼攻击和背后攻击涉及战区的背后和侧面，因此，其性质就大为改变。（1）火力夹击不存在了，因为从战区的一端不可能射击到战区的另一端;（2）被迂回者对于失去退路的恐惧要小得多，因为在战略领域内，空间不像在战术领域内那样容易被人封锁;（3）在战略领域，由于空间较大，内线的效果增大，这对抗衡多面攻击极为不利;（4）交通线非常脆弱是一个新的因素，交通线一旦被切断，影响就大了。

在战略领域内，由于空间较大，通常只有掌握主动的一方，即攻击的一方才能进行包围；防御者不能像在战术领域那样，在行动过程中对包围进行反包围，因为它既不能将他的军队部署得纵深较大，也不能部署得很隐蔽。包围对进攻者来说最大的影响就体现在交通线方面。这在战略领域也许把它看作一个导致胜利的因素。不过在最初的时刻，即在进攻者和防御者刚刚接触，还保持着原来的部署的时候，这个因素的作用并不大。随着战局的发展，当进攻者在敌国国土上逐渐成为防御者，它的作用才变大。但是，这种进攻的优越性总的来说不能算是进攻本身的优越性，因为它实际上是从防御本身的优势中产生的。

第四个因素，即战区的有利作用自然是在防御者一方。进攻的军队每发起一次战役，他们也就离开了自己的战区，并因此而受到削弱。也就是说，他们把要塞和各种仓库留在后方了。他们所要通过的作战区域越大，他们受到的削弱就越大，而防御者的军队则仍然保持着同各方面的联系，他们可以利用自己的要塞，不会受到什么削弱，而且离自己的补充基地较近。

民众支持作为第五个因素，并不是在每次防御中都能得到的，因为有的防御战局是在敌人的国土上进行的，但是这一因素终究是在防御的概念中产生出来的，而且在大多数场合都有其用武之地。此外，这里所说的民众支持主要是指战时后备军和民兵武装的作用。同时也是指所遇到的各种阻力都较小，各类补充基地都离得比较近，补给物比较丰富等情况。

第四和第五个因素，这两个防御力量在真正的防御中，也就是在本国境内防御时才能发挥作用，当在敌国国土进行防御，而且同进攻行动交织在一起时，它们的作用就会受到削弱。因为，正如防御不是由单纯抵御因素构成的一样，进攻也不是由纯粹的积极因素构成的，甚至一切不能直接导致媾和的进攻，都不得不以防御告终。

巨大的精神力量，有时像真正的发酵酶似的渗透在战争要素中，因而在一定情况下统帅能够利用它们来增强自己的力量。应该认为，防御者同进攻者一样，都拥有这些精神力量；尽管有些精神力量在进攻中的作用特别显著，但他们通常只在决定性的打击以后才出现，因而对决定性的打击本身很少能起重要作用。

在分析了克劳塞维茨关于战略防御和进攻的概念及相互关系的基础上，科贝特认为，由于战争特点的多样性以及目标的重要性，人们应该对战争进行分类。

一般来说，从战争的政治目的来看，如果战争的政治目的是积极的，即进行战争的目的就是夺取敌方的某些东西，那么战争的性质就是进攻性的；另一方面，如果战争的政治目的是消极的，即只是简单地阻止敌人夺取己方的优势地位以至于造成破坏，那么己方所进行的战争在一般程度上来讲就是防御性战争。对于一个海上大国来说，在任何情况下，如果不寻求武力控制海洋的话，就不可能既要确保它在海上的防御性同时又全力以赴去发展它在海上的进攻能力。而且，不论该国的战略防御性目标是多么明确，但最有效的寻求海上利益的方式还是通过海外战争。进攻性和防御性战争的最终目标都是针对敌人的武装力量尤其是敌人的海上力量。它们唯一的区别就在于，如果战争的目标是积极的，在一般情况下的战争计划就是进攻性的，就应该展开真正的进攻性的战争活动；但是如果战争目标是消极的，那么战争计划就应该是防御性的，就可能在防御战争中等待进攻的时机。从这一区别来说战争行动通常是趋向于进攻性的。在战争中最好的防御就是进攻，防御不是一种积极的态度，它对战争会有消极的影响。但是如果能够适当运用的话，战略防御者可以等待敌人在对他们的进攻中暴露自己，如果敌人能够暴露自己的弱点，他们就可以利用敌人的弱点把自己变得相对强大，从而能对他们进行战略反攻。

尽管仅从战争的政治目的来分类在实践性和逻辑性方面均表现出不合理性（例如，这样的分类标准并不是战争目标的不同，而是完成战争目标所使用的手段不同，结果容易导致人们对错误的假设进行争论：那就是积极的战争就意味着是进攻性的战争，而消极的战争意味着是防御性的战争。其次，也许是更加严重更加错误的是，把战争分为进攻性和防御性意味着进攻和防御是相互排斥的，然而真正的事实是它们是相互补充的），但是在大多数战争中，为实现积极的战争目标的一方经常是使用进攻性方式的，而为实现消极性战争目标的一方一般都采用防御性的方式。在研究了这种分类的可行性之后，这种区别就自然地展现出来了，那就是它迫使人们去分析和研究进攻和防御战略的相对优势，在科贝特看来，清楚地理解了它们的相对优势是战略性学习的关键所在。

科贝特通过分析西班牙王位继承战争（1700—1713）中英国占领海上要塞直布罗陀海峡和米诺尔岛的积极战略实践，以及1905年日俄战争后期日本阻止俄国对朝鲜半岛进行占领的消极战略防御，认为战略防御与战略进攻互有优势，互为补充。

人们往往认为，战略防御在通常情况下是不能用的，因为战略防御虽然能阻止敌人的前进，并试图阻止每一次可能的进攻，但是它同时也减少了自己的实力，这只能使自己更加处于劣势。这一种观点可以在陆上战争中更清楚地得到证明，但是把它放在海洋战争中就不那么明显了。防御战略在海上也是有可能存在的。对于海上大国英国来说，当敌人在自己的海域或基地的时候英国几乎不可能去攻击他，但是敌人通常会在英国力量消耗严重的情况下对英国进行进攻。英国对付这种敌人最好的解决办法就是利用各种手段迫使敌人与英国进行战斗，甚至是在他们的基地附近进行战斗。战略防御的优势的最引人注目的例子在后来的日俄战争中体现出来。在战争的最后阶段，日本舰队能在自己的海域保持防御性优势，而俄国的波罗的海舰队需要先击溃日本的防御舰队才能获得自己的战略目标，而战略防御的结果是使日本取得了决定性的胜利。战略防御的现实威慑力和娴熟的运用在英国古老传统中就很著名，而且被使用过多次。尤其是在英国本土海域，当他们的舰队太弱而不能去进攻敌人舰队的时候就想尽一切办法去阻止敌人的舰队入侵。

因此，为了现实的政治目标把战争分为进攻性的和防御性的是有一定作用的，但最重要的是清楚地理解进攻和防御的内在联系和各自的相对优势是很重要的，即在具体的情况下，如果总能保存一种进攻性的意志，当进攻有可能导致不利局面的情况下，即使战略防御也可能使自己在相对劣势的情况下取得一定的胜利。

值得注意的是，科贝特认为，决定何时采取进攻行动、何时采取防御战所依据的理由同作战双方的兵力情况没有任何关系。因为把兵力情况作为主要依据似乎有一定的合理性，但这样做偏离了正确的道路。如果一个小国同一个兵力占很大优势的国家发生冲突，而且这个小国也预见到自己的处境会不断恶化；如果它不能避免战争，它只有进攻。这样做并不是因为进攻本身会给它带来什么好处，相反，进攻很可能使兵力上的差距更大；它之所以这样做是因为需要或者在不利时期到来之前彻底解决问题，或者取得暂时的一点利益，这种说法并不是不合理的。如果这个小国确信敌人很快会向它进攻，那么它就可以而且应该利用防御来对付敌人，以便取得最初的成功，也不至于遭到丧失时间的危险。在科贝特看来，"等待是荒谬的"，除非这个小国在进攻时改变了自己的政治决心。

无限战争与有限战争

无限战争

无限战争又称全面战争，是国家实施总动员，全力以赴进行的战争。其战争行动的基本样式和特征是：以武装斗争为主，军事、政治、经济、文化、科技、外交等各条战线的斗争紧密配合，协调一致地发挥国家的整体力量，以保证战争的胜利。

科贝特并没有对无限战争明确定义，但他认为无限战争的目标应该永远是打垮敌人。打垮敌人并不必然表现为占领敌国的全部国土，因为有时即使占领了敌人的全部国土也未必能够解决问题，例如 1807 年在普鲁士就是这样。重要的是观察敌国所依赖的重心，所有力量的集中打击都必须集中在敌人的这个重心上。例如亚历山大、古斯塔夫·阿道夫和腓特烈大帝，他们的重心是他们的军队；而那些被国内的派别弄得四分五裂的国家，他们的重心大都是首都；那些依赖强国的小国，他们的重心是同盟国的军队；在同盟国，重心是共同的利益。打击应该针对这些目标。如果敌人由于重心受到打击而被削弱，那么胜利者就不应该让对方有时间重新恢复重心和力量，而应该一直沿着这个方向继续打击。换句话说，应该永远打击敌人的重心，只有不断地寻找敌人的力量的核心，以求获得全胜，这样才能真正地打垮敌人，获得无限战争的胜利。

科贝特从大量的历史经验总结出打垮敌人可以采取的几个办法：（1）如果在某种程度上敌人的军队是在起主要作用的力量，那么就毫不犹豫地粉碎这支军队；（2）如果敌人的首都不仅是国家权力的中心，而且还是各个政治团体和党派的所在地，那么就占领敌人的首都；（3）如果敌人最主要的盟国比敌人还强大，那么就有效地打击这个盟国，即如果能够通过战胜几个敌人中间的一个敌人而战胜其余的敌人，那么，打垮这一个敌人就必须是战争的目标，因为这样就击中了整个战争的总的重心。

有限战争

从军事战略来看，有限战争是指在政治目的，或在战争行动区域、武装力量的数量，或在使用的武器方面有所限制的一种战争。按照军事理论家的观点，进行有限战争的目的可能是：用武力解决某一国际问题；占领一个或几个小国的领土，以便在世界的一定地区内巩固自己的阵地或为今后的军事行动创造有利条件。有限战争可能波及相当大的地区，可能有大量国家被卷入战争。加入有限战争的军队数量，则是由战争目的、敌人的兵力和在尽可能短的时间内赢得胜利的意图所决定的。在实施有限战争的过程中，作战的武装力量通常根据局势发展而逐渐增强，而且可能达到相当大的规模。

当不具备实现无限战争目标的条件时，军事行动的目标只能有两种：或者是夺取敌方的一小部分或相当一部分国土；或者是保卫本国的国土，等待有利的时机。后一种目标通常是防御战的目标。

科贝特对有限战争理论的分析及发展

海洋战略中的有限战争理论是科贝特海洋战略思想的主要内容和观点之一。科贝特在著作中用大量篇幅阐述克劳塞维茨对有限战争理论的分析。对战争进行此种分类是由克劳塞维茨首先提出来的，而且这也是最重要的一种分类法。在科贝特看来，对克劳塞维茨的观点进行详细的阐述，并不仅仅是想把这些适合陆军的理论硬套在海军身上，恰恰相反，研究他关于战争分类的理论有助于明确德式陆军战略训练与英式海军战略训练的本质区别。面对后者，也就是英国传统的军事训练方法，许多学者在研究时都予以忽视，这样做害处匪浅。

1. 克劳塞维茨关于"有限战争"和"无限战争"的论述

根据克劳塞维茨的分类法，战争分为"有限战争"和"无限战争"两种类型。这种分类法完全是根据克劳塞维茨的个性特点，而不是根据战争目标进行的。在分类中他对人的道德本质这一因素给予了充分的考虑。在这一点上，可以说他是第一个关注战争的真正价值的人。其他的战略学家像若米尼曾经试图根据战争的具体目的对战争进行分类，但是克劳塞维茨通过长期的研究证明那种分类法是没有道理的。也就是说，根据若米尼的理论，无论战争的具体目标是积极性多一些还是消极性多一些（比如说战争的目的是为了维护权利，或者是帮助同盟国，或者是在战争中获得领土），这些和战争的"有限与无限"的分类是没有关系的。

无论战争的具体目标是什么，最重要的问题是实现这一目标在多大程度上能被人们接受。真正决定用什么方式进行战争取决于战争目标对交战者来说意味着什么，他们将为这些目标付出多大的牺牲，以及他们将会面对什么样的危险？因此，克劳塞维茨阐述了他的观点："如果我们想在交战中付出很小的牺牲，那就需要我们的对手用很弱的力量对我们进行抵抗，他们进行抵抗的程度越小，我们取得成功的可能性就越大。同样，我们的政治目标越小，我们就越不能在它身上发现更多的价值，那样我们就更容易受到其他因素的诱导而放弃这一政治目标。"交战者双方能否实现他们的政治目标，不仅仅取决于交战双方在交战中所使用的武力，而且还取决于他们会付出多大程度的努力和牺牲。通过这样的分析，克劳塞维茨得出如下结论：由于交战双方所付出的努力不同，就会出现不同程度的战争，在交战中削弱对方力量的方式也应该是多样的。在海洋战争领域，为了取得海洋优势和削弱对方的海上实力，也会进行一些海上攻击，即使在一方的海上实力不会对另一方的海上实力构成威胁的情况下，战争也不能避免。

这种理论与克劳塞维茨以前所提出的而且已经开始发挥作用的"绝对战争"理论有很大的不同。在"绝对战争"理论中，"绝对战争"是一种理想的形式，所有的战争都应该达到"绝对战争"的程度。不能达到这一程度的战争就是不完整的战争，在交战过程中就会受到缺乏真正战争精神刺激的限制。但是即使所有的战争都能达到"绝对战争"的理论化程度，由于在现实生活中道德因素总是压倒纯军事因素的，战争所发挥的作用也不大。绝对战争理论是纯理论性的，它忽略了人的因素。克劳塞维茨发现用基本逻辑去假设所有的战争都应该遵循一种特定的模式是不合理的。在最终理解人这一因素的价值后，他把战争分为两个种类，并认为这两种战争之间基于不同的方式进行合理的联系，而不必根据绝对战争理论进行界定。

克劳塞维茨认为有一种战争中政治目标对交战者双方来说是至关重要的，以至于交战双方都要付出他们几乎全部的努力和牺牲去实现。但是在另一种战争中政治目标就没有那么重要了，也就是说这个政治目标的价值对交战者来说不值得用无限的流血牺牲和财富的消耗去换取。他把这两类战争称为"无限战争"和"有限战争"。但这并不意味着在有限战争里不用尽自己最大的努力；在有限战争后面可能存在一些决策而使国家消耗实力，在实力耗尽之前国家应该清楚放弃这一目标比付出更大的牺牲去实现它更为明智。

科贝特认为，很有必要清晰地把握"有限战争"和"无限战争"的区别，这一区别，与以前所了解的现代战争与拿破仑时代以前的战争特点的区别在表面上经常混淆（这些区别在克劳塞维茨的著作中也曾提及）。从历史上看，拿破仑时代之前的战争中交战双方通常是倾整个国家实力进行的，然而现代战争是在常备军之间展开的而不是在整个国家之间进行的。这一区别当然会产生具有深远影响的结果，但是这与"有限战争"和"无限战争"的区别基本上没有什么联系。在拿破仑时代所开展的战争可能为了有限的战争目标，也可能为了无限的战争目标。举例来说，在 1905 年爆发的日俄战争中，双方都是为了有限的战争目标，双方都没有提出来关于领土问题的具体主张。对于一个交战国来说，其战略目标的有限性往往导致它在整个国家的实力消耗殆尽之前放弃这一战略目标，以避免在交战中生命和财产的付出大于他们所希望实现的目标的价值。

第二个区别就是，克劳塞维茨把"有限战争"和"无限战争"的分类看得比基于战争目标的积极性和消极性的自然特征的分类更为重要。他的战争思想几乎是从战略进攻和防御开始的，并且吸取了拿破仑的绝对战争理论。而这种新的战争分类理论是在他后来的学习过程中才发现的，这使他在制订战略计划对付来自法国的威胁时所使用的战争理论引进了他的新的战略思想。在他所著的《战争论》一书的最后一部分，他才开始论述"有限战争"和"无限战争"，那时候他已经掌握了这一理论的实践应用。他认为有限战争和无限战争的区别在战争理论中是根本性的区别。如果战争的目标是无限的，它最终会激起对手全部的战斗力，那就意味着在一方不能削弱对方的战斗力之前己方的战略目标是不可能实现的。如果一方能明确地看出通过战争寻求己方所想要实现的目标不是一个明智之举的话，己方就应该意识到不应该发动无限战争。在有限战争的实践中，完全摧毁敌人的武装力量是没有必要的。很显然，只要一方完成了自己的战争目标就可以结束战争了。

这与克劳塞维茨以前关于战争计划的设想有一个很大的不同。在无限战争的情况下，克劳塞维茨的主要战略进攻的目标是直接针对敌人的武装力量；在有限战争的情况下，即使有时战争的目标是积极的，它也不需要对敌人的武装力量进行直接打击。如果实际情况对自己有利的话，自己就有能力使战略目标在进攻中具有客观性。很明显，克劳塞维茨把有限战争和无限战争的区别已经上升到了理论高度，从而改变了他的整个战略观念。不可思议的是，对于这种理论和观点，若米尼殊途同归，通过一种截然不同的方式予以证明。若米尼通过自己观察到的事实进行对比得出结论：战争的目标可以分为两种类型。这两种类型是完全不同的，一种目标我们可以称为是区域性的或者地缘性的；而另一种目标只是去削弱敌人的实力，自己却不陷进地区的任何热点之中。在他的第一种战争类型中，我们可以理解成战争的目标是为了获得某些权力，这在克劳塞维茨看来应该算是"有限战争"。例如，在弗雷德里克征服西利西亚的战争中，弗雷德里克认为进攻性行动和它所取得的结果看起来是对称的。他们的第一目标就是占领他们所宣称要占领的领土。然后，根据实际的情况决定进攻的措施。自己强大的实力也可以通过自己在国内向对方施加一定的压力，或者直接威胁他们而得到自己想要实现的目标而体现出来。在这个例子中我们可以得出关于有限战争的所有原则：首先，在最重要的战争阶段，你应该努力去获得区域性的目标；其次，在第二个阶段或者是强制性的阶段，你可以对对方施加一定的压力迫使他们满足你想实现的目标。

这种战争方式与拿破仑所使用的战争方式有明显区别。这在克劳塞维茨和若米尼的战争理论中已经清晰地展现了出来，他们都是拿破仑战争方法的改革家。对这种区别的解释就是，他们虽然看到了很多区别，但是他们并不清楚拿破仑的战争理论只能在这种情况下适用：那就是当你真正拥有实力和道义上的优势时才能适用。如果能拥有这两种优势，所有的战争都可以使用拿破仑的战争方法，运用进攻性的手段去实现自己的目标。老练的政治家们不仅仅是理论家，他们也一定清楚好战者的战争方式经常超出自身的实力范围，所以，那些好战者就会努力去研究传统的战争方式对现代战争的价值，并让这些潜在的价值在现代战争中发挥出来。这种情况的一个典型的例子就是1812年拿破仑对俄国的战争。在当时的情况下，如果拿破仑被说服并且实施早期的占领有限领土目标的方式，他可能会取得更好的结果。拿破仑在俄国的失败在于他错误地使用一种战争方法，尽管那种战争方法在对德国的战争中是正确的，但是那种方法在与俄国的战争中所展现的情况看是不正确的，是不能取得胜利的。

若米尼作为一位战略专家，他对拿破仑的战争思想给予很高的评价。但是令人费解的是，他关于战争的两种自然状态的观点现在却被人们忽略了。克劳塞维茨所出现的情况更是让人感到奇怪，因为我们知道在他的大量著作中他都把这种分类看作解决战争问题的关键。但是在他的所有著作中，他并没有对这一区别作出明确的阐述，而是把它看作已经讨论清楚的问题。他在写《战争论》一书之前，才发现自己一直在这种重要的战争区别的理论上徘徊。所以他决定在这本著作中对这一战争分类的区别明确地阐述，但不幸的是这本书他并没有完成。不过在他的手稿中他留下了一张便条，要求我们对他的战争思想要批判性地对待。在这张便条中也可以看出，他认为他所强调的战争分类是很重要的，他相信这种分类方法可以解决他以前的书中所遇到的所有困难，那些困难基本上都是没有考虑拿破仑的思想对战争的指导作用所产生的。克劳塞维茨在他的一本著作中写道："把我以前的著作仅仅看作大量材料的堆积，它们还是以一个没有组织的形式存在，它们还要再次进行修订。在修订中，这两类战争将会产生更大的区别，从而所有的观点都会得到明示，更准确地来说就是使这些理论在应用中能够更加准确。"很显然，他对自己以前所坚持的绝对战争理论已经开始不满了。他的新发现使他认识到以前的战争理论不能作为一种准则去适用于所有的战争。在他最后的著作中他还提问：我们应该终止用这种观点去判断所有的战争吗？这两种不同的战争究竟有多大的区别？他消极地回答了自己的问题："你不能决定拿破仑类型的战争对实力的需求，在你使用拿破仑战争的方法之前应该对两类主要的自然战争平等地对待。"

克劳塞维茨在写《战争论》的时候，自然战争的区别他才刚刚认识到，他把这两种自然战争作了如下定义：首先，这些战争的目标就是要战胜敌人，不论我们是通过对他们进行政治性的制裁还是解除他们的武装，我们的最终目的就是迫使他们接受我们所规定的和平；其次，我们的战略目标就是仅仅在他们的边境对他们进行攻击，或者是暂时性地占领一些领土或者让他们用一定的条件与我们作交换而获得一定的和平。在他以后的著作中他设想要形成更加合理的观点。在《战争论》中，他提出："我的主要目标就是要把以上提到的两个目标变得更加合理，那样的话，一些烦琐的战争理论将被简化，变得更加容易理解。我希望在这本书中能够消除战略家和政治家所面临的各种困难，至少要向他们展示战争的目的以及在战争中应该考虑的问题。"

他的那种希望是不可能实现的，这很可能就是他的战争理论被遗忘的真正原因。我们所能看到的他的《战争论》仅仅是一个框架。1830 年，普鲁士号召国民尽最大的努力去对抗法国，克劳塞维茨被召去制定积极的进攻政策。在他的《战争论》中，他把剩下的部分描述为"这仅仅是一个模糊的思路，我的主要目的就是去弄清关于战争分类占主导作用的观点。然后把这种观点加入我的其他著作中，通过完善我的战争主张，给以前的工作作一个圆满的修正"。战争也是政治的一种形式，它可能被限制也可能不被限制。在看到法国对比利时的威胁时他草拟了一个作战计划，这个作战计划并不是以拿破仑的方式去打击敌人的武装力量作为自己的战略目标的，而是把获得有限的领土作为目标对法国进行反攻。随着革命运动席卷欧洲并且破坏了神圣同盟，这时不仅普鲁士发现它自己在对抗法军，而且它自己也在被革命削弱。这时采取更高形式的战争去寻求破坏敌人的武装力量已经在他们的能力之外了。但是他们还可以采用以前的战争形式，通过联合比利时他们就有能力取得胜利。这种方法是可行的，所以他们才继续进行战争（*而若干年后，日本沿用此法才成功地进行了日俄战争*）。更令人吃惊的是，1859 年，毛奇在同样的情况下制订同样的对法国的作战计划并且取得了一定的胜利。当时克劳塞维茨的战略思想和若米尼是一样的，都坚持了 1812 年拿破仑的战争思想。并不是直接进攻巴黎或法国的主要军队，而是占领阿尔萨斯—洛林，并且在领土交割之前要求法国给它一种优势，让它继续处在这样一种形式或者强使法国实现他们想要的和平。

从克劳塞维茨的分析中，科贝特得出这样的结论：拿破仑时代的战争成就告诉我们，战争不能仅仅依靠绝对战争的思想，而是应该基于有限战争和无限战争这种有区别的战略思想。无论我们能从这些区别中得到多少现实的、有用的观点，我们都有必要借鉴克劳塞维茨和若米尼的关于战争的见解。

2. 科贝特的理论分析及发展

在总结了克劳塞维茨关于有限战争的讨论之后，科贝特认为："克劳塞维茨从来都没有完全理解他的伟大理论的深刻含义。他对自己理论的见解仍然是纯粹的大陆性质的，陆上战争的有限性可能掩盖了他所创立的理论的更深层含义。"科贝特指出，在克劳塞维茨关注的那种大陆战争中历来都不重视有限战争，因为这种战争不可能割裂出有限目标。而在海上战争中，有限战争却非常重要。因为要在有限战争中取胜，不需要全面摧毁敌军，只需要有能力占领和守住一个足够重要的有限目标，以迫使敌人坐到谈判桌上来。而后，科贝特指出，克劳塞维茨的早逝使他的战争理论注定永远也不能得以完整地表述，而他自己将要引用克劳塞维茨的有限战争理论"去改进帝国的战争条件，首先是坚决维护海洋因素的重要性……它对海洋有着深远的影响首先是对海洋强国的影响"。在把克劳塞维茨的理论引进到海洋战争独特的环境中的过程中，尤其是为了满足英国战略的需要，科贝特创立和发展了自己关于海洋战略的有限战争理论。

科贝特从自己的历史研究中毫无怀疑地直接理解了这一课题的性质，但是克劳塞维茨首先拥有了对"有限战争"的完整表述，其次，他在理论框架形成的过程中并没有强调所有的战争，也没有强调决战的作用。这就给了科贝特以动力，科贝特把这一战争理论演变成更高级的形式，把陆地的、无限制的战略发展为海洋的有限的战争形式。科贝特独创的理论不仅超越了克劳塞维茨，也为海洋战略增添了一些重要内容。与克劳塞维茨不同的是科贝特有着丰富的海战史经验、通晓海军，并对大英帝国的历史有着深刻的了解。

从他的海军以及广阔的大英帝国视角，科贝特发现克劳塞维茨的有限战争理论被他的狭隘的大陆观点所影响。因此，他开始构建自己完整的有限战争模式，首先是指摘克劳塞维茨理论的不足。科贝特的主要观点可以概括如下：第一，就战争的条件而言，陆地上与海洋上的战争是相反的，在陆上战争中战争几乎是在邻近的国家间进行的。在科贝特的观点中，这使得战争的扩大几乎是不可避免的。"这些领土经常是你敌国的一部分，或者相反，它对于你的对手来说可能特别重要以至于你的对手要付出一切努力去保有它。"这种结论是正确的，但是我们不能说克劳塞维茨忽视了战争扩大的问题，事实上，他已经很清楚地意识到战争会扩大的内在趋势。第二，陆地上相邻的国家之间的战争"任何战略性的障碍都不能阻止一国使用自己的全部兵力"。换句话说，陆上战争的性质使得很难限制它的政治目的，因为在陆上战争中任何国家都可能使用他们所有的手段去保护敌人已经威胁到的（或者可能威胁到的）重要利益。一个国家进行海战或者帝国战争不是在辖上邻国而是在海外或者在遥远地区，在那里并不会威胁其他交战国的重要利益。因此，在这种环境中扩大战争是不可避免的，因为对手能限制他的政治目标也可以根据自己的意愿随意使战争扩大。海洋战争与陆上战争的另一个本质的区别在于：在海洋环境中，占主导地位的海军力量能够摆脱战争的威胁去防止敌人援兵的介入，以及寻求国内的防御地位。这意味着有限战争存在的条件仅仅是在海洋战争中，而且只有在海军实力占优势的国家才能进行，"有限战争仅仅可能发生在岛屿国家或者被海洋分开的国家，而且只有实力较强的国家渴望通过有限战争去控制海洋，只有在这种情况下才可能进行有限战争"。科贝特在概括英国以弱胜强的成功经验时，也道出了有限战争理念的精髓："有限战争并不是由交战双方的总体实力决定的，而是取决于在具有决定性意义的点上，双方实力和意志的对比。"

如果海军能够足够强大去保护国家不受侵略，如果一个岛国的海军力量能够拥有独特的优势，这样的海军能够很容易地保护本国有限的陆上力量，同时也能阻止敌人进行同样的活动。即使按绝对价值计算海军力量比较弱小，但是它不仅能够保护好它自己，也能够在海外利用它的实力起到比陆上力量更大的作用。在科贝特的判断中，这是英国力量的秘密所在；它诠释了"一个小国仅仅拥有弱势的兵力是如何在地球上得到他们想拥有的领土的，而其他国家要实现这样的目标要付出很大的军事力量……这一问题在克劳塞维茨看来仍然不能解释，他只向我们展示了这是因为有限战争的内在所固有的优点"。

"有限战争"的另一个优势是，一旦展开战争，即使其他部分都失败了，所取得的结果也会大于所要付出的代价。一个国家掌握了这种战争方法，当它在与其他国家交战的时候就可以采取有限战争的方式，也可以采取无限战争的方式。事实上，在半岛战争（Peninsular War：1808—1814年发生在伊比利亚半岛的一场战争，交战各方分别是西班牙、葡萄牙、英国和拿破仑统治下的法国）中，当时的情况特别适合进行"有限战争"，英国却以"有限战争的形式进行了一场无限战争。英国的目标是无限的，绝不小于推翻拿破仑的战争目标。海战的成功虽然没有完全实现目标，但是海上战争的成功给我们提供了进行有限战争的能力，这是使用我们的方法进行进攻最具有决定性的形式"。然而"有限战争"的陆上视角把有限战争逐步演变成了无限战争的形式，但是在海洋视角中还仍然是有限战争的形式，甚至可以通过有限的战争获得无限的结果。

克劳塞维茨所定义的有限战争的另一种特殊形式也表达出了科贝特所要表达的内容：在一种情况下一个国家协助另

一个国家让一些共同的准则发挥有限的作用。一些国家为了进攻和防御的需要通常制定一些条约来相互支持——尽管一些条约不能达到完全维护另一个国家的利益甚至存在一定的争议。即使缔约各方有共同利益，但盟约条款的执行也会被一些圆滑的理由所阻止，作为一种规律，谈判者仅仅能承诺一小部分或者有限的条件。

因此，科贝特最终设计了一个适用于海军的独特理论，这一理论克劳塞维茨从来没有考虑过。这一理论虽然并非适用于所有海军，但是使用这种战争理论可以使人们利用有限的兵力去达到较高的政治目标，而且战争也不会扩大或者失败。科贝特把他理论的这一方面比作战略防御方面的优势，也就是说"有时候处于劣势地位的兵力在对付优势兵力的战争中也能取得想要的结果"。但是，在这里并没有讲到战略防御的缺陷。有限战争让海军力量在战略和战术两方面保持主动性，取决于它所处的战略环境。在科贝特认为进行有限战争的理想环境下，海军兵力应该在没有暴露出自己的弱点之前就立即摆出进攻姿态。这一类型的转变在陆上战争中要花更多的时间才能完成。科贝特后来得出这样的结论："有限战争比无限战争在这些方面更有效……这一点至关重要，它对现在的学说有着直接的影响，在战争中需要有一个合理的目标，它要打破敌人的防御，它的首要目标应该是敌人的武装力量。"

值得强调的是，从当前海上力量格局来看，科贝特关于"有限战争"和"无限战争"理论研究中有以下两方面的重要之处：

（1）有限战争和"从海上"。科贝特独创了海上有限战争的观点。他认为，在海上战争中，有限战争非常重要。因为要在有限战争中取胜，不需要全面摧毁敌军，只需要有能力占领和守住一个足够重要的有限目标，就可迫使敌人坐到谈判桌前。19世纪英国的多数殖民战争都具有有限战争的特征。如1840年的第一次鸦片战争，英国远征军掌握着中国海岸线的绝对制海权，在兵力规模较小的条件下，对当时的清朝采取有限战争的方略。远征舰队通过不断在中国海岸线试探袭扰，找出其中的薄弱点加以打击。在广州遭遇较强抵抗之后，远征舰队随即转移，由南自北逐个攻击清王朝沿海的要塞。英国人将战争的关键点选在长江下游的南京，这是清王朝漕粮北运的起点，同时也是设防薄弱的大城市，攻占南京，断绝通往北方的粮道，就可以迫使清朝屈服。因此，英国舰队沿江而上，对南京发动攻击，在击败军心涣散的守军、控制江面之后，清王朝随即屈服。在第二次鸦片战争中，英法联军故技重演，同样是自广州开始进行沿海袭扰，由于法国的加盟，使得英法联军可以组织起一支更大规模的陆军部队，因此，这次战争的"有限目标"选在北京。英法联军攻占天津之后随即向北京进军，在击溃了清朝唯一一支具有战斗力的骑兵之后，顺利占领北京，迫使清王朝签署城下之盟。

（2）无限战争中的有限干涉。在海上全面战争中，科贝特强调，英国海军不一定要将主力参与到大规模的海上决战中。这里的全面战争，指的是与英国不直接相关的、发生在第二、第三海上强国之间的战争。科贝特阐述了在"无限战争"中施行"有限干涉"的理论，他认为，新技术、新兵器使得新的海战战法不断出现，海军可以以有限的手段达到控制海洋的目的。科贝特认为，干扰敌方海上交通线，能够以较小代价达到影响敌国经济、心理和战争潜力的效果。科贝特曾说："干扰敌人的贸易有两种效果，它不但是实行次要战争，施加压力的辅助手段，而且可以作为打击敌国国民抵抗意志的主要手段。"

科贝特对水雷和潜艇有着自己的见解。19 世纪后期，现代意义上的水雷出现，随之出现的"海上封锁"和"港口封锁"理论，也使得科贝特从中找到了"有限干涉"的最佳武器。当时的水雷是一种防御性武器，布防在己方的海域内，防御国家自身的港口、海岸线、河湾。但如果使用小型舰艇将水雷布设在敌国港口和近海，则同样可以打击敌方的海上贸易。水雷封锁属于低强度的作战方式，使用时具有非直接对抗性，却可以产生强大的心理吓阻作用。科贝特的水雷战思想得到了英国海军的高度评价，在两次世界大战中，英国的水雷战术都对德国的海上交通线起到了极大的破坏作用。20世纪初叶，现代潜艇出现，各国对这种新兴的水下兵器反应不一。在英国海军内部，相当一部分海军将领认为潜艇是一种"不人道的武器"，它的攻击是"卑鄙的、缺乏绅士风度的"，因此甚至要求在国际军备控制会议上提出禁用潜艇的法案。但科贝特看到了潜艇在未来"无限战争"中的独特作用，他认为，潜艇虽然无法对抗高速而坚固的主力战舰，但作为破坏敌国贸易的有限手段，潜艇的作用是不可取代的。

当然，科贝特的这些有限战争的观点在一些孤立的国家和单一的民族国家、在当今国家间政治经济关系、在现在的技术条件下错综复杂联系的情况下是很难实现的。但是，在一些不对称的战争中使用有限战争还是可以取得成功的。而且，科贝特对于19世纪军事理论和克劳塞维茨思想所作的解释，即使以今天的标准来衡量，也都应算是非常杰出的。

第 3 章

科贝特的海洋战争理论

　　科贝特的海洋战争理论主要有两点：一是制海权论，二是海上集中兵力的特殊性。

　　科贝特分析制海权思想得出的结论是：制海权的准确定义是控制共同的交通线。海战的目标就是控制交通线，公海无法占领和统治，又不能供养部队，它对国计民生的唯一积极价值在于提供交通便利。打击一个濒海国家的国计民生的最有效方法就是不让它得到海上贸易资源。控制交通线，可分为全面与局部控制，永久或暂时控制。全面控制只能通过舰队决战，这通常是优势舰队的做法；局部控制可通过部分成功行动，通过阻止敌人使用一个特定区域，劣势舰队也可采用这种办法。科贝特指出："海战，必然直接或间接地以获取制海权或者防止敌人获取制海权为目标……无论是出于商业目的还是军事目的，制海权的关键在于控制海上交通线。"

海上集中兵力的特殊性在于往往你集中了兵力都找不到敌人，打不着敌人。因为劣势兵力都避免决战，可以躲在防守严密的港内保存实力。在这种情况下，优势海军如一味集中兵力寻歼敌舰队，往往达不到目的，不如把兵力部署到敌海军无法规避作战的地方（*如袭击敌海岸或商船等*），迫敌参战。海军兵力机动灵活，可以分散攻击或保护海上交通线，当大的威胁出现时能够迅速集中于指定海区。这里关键是分散兵力时也要随时做好进行舰队决战的准备，非如此，舰队决战不可能发生。科贝特的理论是对马汉思想的发展与更新。

海洋战争的理论目标——控制海上交通线

人们经常把海洋战略目标看作直接或间接地形成对海洋的有效控制或者阻止敌人对海洋的控制。科贝特认为，在阻止敌人控制海洋方面人们一直普遍存在着一个误解，即一旦在海洋战争的过程中己方失去了对海洋的控制，那么在其他的交战中也必定要失败。粗略地了解一下海军和海战史，人们就会发现这种说法是非常错误的。海军和海战史展示出，在海洋战争中最常见的情况是交战双方都没有控制制海权。海洋的自然状态是没有被控制的，而不是在任何一方的控制之下。但是长期以来，关于海战的目的是实际上获得对海洋的控制还是在理论上形成对海洋的控制一直存在着争议。

套用上述误解，"如果英国在战争中失去了制海权，那么它将要失去全部"。这种说法太过于绝对了，它的错误在于忽视了战略防御在战争中的重要作用。如果我们在战争中碰到了非常强大的军队或舰队，并且发现我们并没有足够的实力形成对海洋的控制，那么我们就应该尽自己最大的努力去阻止敌人形成对海洋的控制，这种理论可能会遭到许多人的反对，但是它应该得到支持和推广。这种理论不仅仅是战争理论的一部分，在现实的战争实践中也是许多战略家的明智选择。英国在海洋战争中运用海上防御手段也取得过胜利，在美国的独立战争中以及在长期的英法海战中，英国经常性地使用海上防御措施长达数年。当时英国虽然拥有相对优势的海军舰队，但是它还没有足够的实力控制制海权。在许多时候如果没有受到对方舰队的严重挑衅他们是不会主动实施任何作战计划的。

在科贝特看来，在他生活的那个时代，战略防御在海洋战争中变得那么无关紧要，几乎在所有的战争中，都把战略防御看作一种致命的异端邪说。海战和陆战的首要问题变成了战略进攻或战略防御的相对的可行性问题。在海洋战争中，即使是最强大的舰队和最惨烈的交战也不能完全消除对手的战略防御，这些战略防御都毋庸置疑地会阻止进攻。实际上在海上的战略防御比在陆上的防御更能有效地阻止进攻。这种战略防御我们还要进行认真的思考，尽管许多国家在战略防御上已经取得了不少利益。"控制制海权"这句话我们还需要继续进行分析，并且准确地弄清楚它在海洋战争中的重要意义。

"控制制海权"与征服别国的领土在战略地位上是不相同的。"征服他们的海上势力范围"与"把别国的海洋变成我们自己的"这样的句子对于造句者而言有着特有的作用和意义，但是这样的句子是基于错误的类比基础上的表达。这种不恰当的类比对于战争理论而言会产生负面的影响。科贝特认为有两个原因导致了这种类比的错误，而它们都是导致海洋战争的重要原因。我们不能征服海洋是因为海洋不容易受它的占有者影响，即使是国土边上的海洋也是这样。因为你不能像对待你所占领的陆上领土一样让它们失去中立性。因此，我们可以清楚地得出这样的结论："控制海洋和控制陆地是一样的"这种说法在理论上是不科学的，它会最终导致错误的后果及教训。

唯一可行的方法就是研究一下哪种方法能够使我们更加安全，哪种方法能够使我们更有效地阻止敌人控制制海权。把在海上的捕鱼权利排除在外（捕鱼权与所要讨论的其他权利不相干），国家及其海军在海上拥有的唯一权利就是海上通行权。换句话说，海洋对国家生活来说唯一的积极价值就是作为一种交通通道。对国家而言，这一交通通道所起的作用或大或小。但是对于一个海洋国家来说它却有很大的价值。因此，如果英国控制了一个濒海国家的制海权就与英国占领了该濒海国家的领土是一个性质的。就目前而言这种类比是正确的，但是从长远看来就不一定了。

尽管海洋在国家的生活中有着这么多积极的影响，但它也有不少消极的影响。海洋作为一个交通通道，它不同于陆上交通通道，它也是敌国的一个屏障。如果成功地控制了海洋，我们就能把海洋这一屏障给移除，从而把自己置于一个有利的位置，以便对那些陆上敌国的国家生活施加直接的军事压力。与此同时，我们可集中一切力量对付那些敌国，阻止他们对我们施加直接的军事压力。因此，控制海洋除了意味着控制海上交通线之外并非毫无其他意义。海洋战争的目标就是控制海上交通线。它并不像陆上战争去征服别国领土一样去征服海洋，它们有着根本性的不同。准确地说，陆上战争的主要问题是陆上联系的问题，但是它们是另一个层面的联系，这一短语只涉及陆地上的联系，并没有涉及国家生活的其他领域的联系。

在陆上有一种联系在国家生活中是必不可少的，即连接各分散地区之间的内部联系。在此我们再次把两类战争作一对比：绝大多数现代战争观点的接受者认为，陆上战争不能只靠单纯的军事胜利而结束。如果我们没有足够的实力去占领他们的陆上交通线以及去控制他们的陆上军事要地的话，军事实力的消耗对自己来说是无益的。强大的军事实力是取得战争胜利的真正保障。如果拥有强大的军事实力，我们可以与敌人的整个国家的力量去对抗。这种情况只有在民族意识比较强的国家才能实现，在这样的国家，人们愿意奉献自己的全部来帮助你实现你所追求的对国家和人民都有利的和平。准确地说，控制海洋也是为了实现和平，它是以一种非常激烈的方式与海洋国家对抗的。通过占领海洋国家的海上交通线和封锁他们分散的军事基地可以使该国处在自己的掌握之中。因此，我们把控制海洋看作自己保留了一定实力的同时还限制了对方的海上联系。控制海洋与征服陆地在这一意义上来说是非常接近的，在这一意义上把控制海洋与控制领土作类比具有现实的重要性，海战中最激烈争论的焦点问题在这一层面上也能得到较为妥善的处理。

捕获权的重要性

显然，如果海洋战争的目的是控制海上交通线和海上联系，那么具体表现在如果可能的话就必须做到制订一定的方案去限制船只的通行。在科贝特生活的时代，交战国拥有的唯一的控制海上交通线的方法是通过捕获或损毁海上货物来进行的。这种捕获和损毁货物是对对手的一种惩罚，因为他们没有控制海上通道还想从此通过。从法律意义上说，这是对对手进行的严厉惩罚。用"商业破坏"这一流行的词语来表达这一战略思想是不符合逻辑的，为便于明确论证，科贝特认为应该把此称作"商业保护"。"商业保护"这一理论与原始的比较野蛮的掠夺思想没有什么联系，它只是一种有序的、正式的、文明的行为。没有什么战争能像捕获海上货物那样造成如此少的人员伤亡。捕获船只更像一个法律程序而不像一个战争行动。如果真是这样的话，它的实质就会发生变化了。曾经在一段时间内私掠船只是那样地频繁和残暴（尤其是在地中海和西印度洋地区），这就是后来《巴黎宣言》（1856）中禁止私掠行为的直接原因。但这并不是唯一原因。私掠的方式是早期非科学战争理论的残留物，19世纪末20世纪初的海上俘获货物的理论就是受了该理论的影响。该理论主张交战国尽自己的最大努力去对对手进行最大可能的破坏，对敌国的攻击进行报复性行动。与此相同，这种观点还存在于陆上俘获和报复性行动中。这两种战争理论都因没有出于人道主义的考虑而被放弃。

另外，针对当时存在的废止捕获权的建议，科贝特认为，主张废止捕获权的建议很可能是基于以下两个谬误之上的：一是你可以削弱自己的进攻力量而只保留防御力量去避免遭到进攻；二是认为战争完全是由陆军和舰队的战斗组成的。这似乎忽略了一个根本原则，即战争是向敌国国民施加压力的一种工具。在粉碎对手的武装力量后，交战国应该给予敌国国民一种压力，要占领港口、商业中心、重要交通线，总之就是所有的重要地方都应该派去军队。

在科贝特看来，如果在海上被剥夺了使用捕获权的权利，英国进行海上战争的目标就将不复存在。英国可能战胜敌人的舰队，也有可能做得比这更出色，也有可能打开一条通道对敌人进行打击。但是所有这些都会被一些陆上强国嘲笑为英国是在尝试单枪匹马的入侵方式。如果英国不能通过使敌国失去海上活动自由而获得胜利，如果英国的海上军事活动不能顺利推进，它也许会通过野蛮的方式去炮击沿海城市或破坏敌人的海岸设施去取得战争的胜利。如果这种取得战争胜利的方式在海上和陆上都遭到禁止，那就意味着在比较文明的国家，战争将会消失。那是因为战争变得如此无用，以致没有人愿意使用它。国际争端将会变得像中世纪私人争端一样需要用战争的方式去解决这一荒谬的说法也将会没有立足之地。如果国际争端也能够用和平的方式去解决的话，人权将向前迈出一大步。但是从科贝特生活的时代及至目前来看，世界上都缺乏这种成熟的改革。在 20 世纪初，控制商业和金融的作用比控制国家的对外政策作用更大。只要英国在海上还拥有对对手财产的捕获权，对手就会在每次海战中失败。失去了对私有财产的捕获权，这种威慑就会消失；除此之外，突然增加的政府开支也会使敌国获胜。扩大海洋的商业利益需要加强海军力量，这使对手产生敌意是必然的。在战争中没有一个国家愿意遭受挫败，获胜的欲望和对失败的恐惧使得人们都将加强防御，这时人们关注的问题就是怎么才能迅速地实现和平，那就是通过使用一定的方式使敌人失去战斗能力。

控制海上交通线

科贝特认为，如果在海上不存在捕获权，海战的结果是很难想象的。在很多情况下几乎没有人能想到限制战争的手段，但是这样的方法在实践性的学习中人们能够挖掘出来。在海战中能够战胜敌人的首要方法就是去捕获敌人的海上补给物，不论那些补给物是国家提供的还是私人提供的。这与在占领区征收特别税收相比有很大的区别。这两种方式我们都可以说成是经济制裁，但是在陆地上的经济制裁，交战国只有在取得军事上的胜利或者成功后才可以施加，而在海上，这种经济制裁在战争一开始就可以向敌人施加了。事实上，往往海上军事斗争的第一步是对敌人军需品的俘获，从这一层面来讲陆上战争也是如此。当入侵者走出他们的疆土后，他们的第一步就是要或多或少地控制别国的财产为自己的军事意图服务。这一对敌国财产的干涉实际上就是军事行动的一种形式，而不能把它理解成经济制裁的第二个层面，在海上战争中英国也可以这样做。但是为什么海战和陆战所依赖的理论基础如此不同，人们在海战的理论研究中能找到答案。为了更好地阐明这一观点，必须重申海上交通路线的重要性是控制海洋理论产生的根源所在。

陆上交通线仅仅与军队的前进和后退有关，而海上交通线则有着更为广泛的意义，它不仅是舰队的补给路线（**海上交通线与军事补给路线的战略价值基本上是一致的**），也与海上交通线的公共通行权相关。这种海上交通线的公共使用权是大陆国家提出的，它最终使得海上交通线与陆上交通线有了完全不同的使用范围。海上交通线对于交战双方都可以使用，而陆上交通线只有本国在自己国内才能使用。围绕海上交通线的战略意义，海上战略进攻和防御都会存在。在正常情况下，如果一方剥夺了对方的海上交通权，对方也会用同样的方式进行报复。

科贝特用例证清楚地解释了他的海上交通线理论。在英国同法国的交战中，英国在地中海、印度洋以及美国海域所控制的海上交通线都减少了，这对法国来说，他们到大西洋的港口完全就是直线距离。甚至在西班牙海域，他们的贸易船队在很多时候竟然敢使用英国所实际控制的海上交通线。这最终促使英国不得不通过重新控制这些海上航线以及攻击对方的商船队来对自己的商船队进行防御。出现同样的情况也要求英国防御自己的国土不被侵略以及海外殖民地不被攻击。这就使英国的舰队一直要处于防御领土问题以及保护自己的贸易路线的状态。英国在 20 世纪初的目标是将敌人的舰队拖入战斗中或者是对他们的经济给予制裁，这两者之间的区别是很小的。如果敌人对英国的这种做法很是不满的话，英国就有了与他们进行交战的借口；如果敌人比较明智而不与英国交战，英国最好的办法就是通过占领他们的海上贸易路线而强行把他们拖入与英国的战争中。

因此，科贝特得出如下结论：在陆上战争中，英国只有在交战中取得决定性的胜利后，才能获得对敌人进行陆上经济封锁的可能；而在海上，战争一开始英国就可以用一定的手段对敌人进行海上经济封锁。这种海上与陆上战争的根本性的区别驱使英国作出战略选择和决定。

同时，科贝特认为在海洋战争中英国一开始就使用经济制裁的方式是合乎情理的，原因在于：首先，使用经济制裁的方式和使用英国处在战略防御地位并寻求机会去进攻的方式，在理论上是一样的。如果用经济制裁的方式不能达到英国想要的结果，而使用直接军事制裁的方式可以达到，英国就不需要用经济制裁的方式了；其次，对敌人的经济制裁存在着两个方面。它不仅仅是对敌人的经济施加压力，也是削弱敌人抵抗力量的重要方式。战争并不仅仅是由陆军和海军纯军事力量决定的，经济因素在其中也起着很大的作用。在其他实力都一样的情况下，谁的经济实力越强谁就能赢得战争，经济实力能够成倍地弥补武器装备的不足，使弱者也能通过提高经济实力来赢得战争。因此，如果英国能够削弱敌人的经济实力，那就是战胜他们的直接手段。对付一个海洋国家，英国能够使用的最有效的方式就是剥夺他们的海上贸易权利。

然而科贝特发现，在海战中，不管英国用多大的努力去直接进攻敌人的武装力量，敌国如果有可能逃避攻击的话就会选择逃避，从而可以保持军事和经济实力，这些都是武装力量所要依赖的基础。因此，控制敌人的海上交通线是最重要的，不像在陆上，控制交通线是次要的。如果试着把控制海洋与控制海上公共交通线的思想作对比，在英国进行各种海上行动时，其价值就能展现出来。控制海洋的目的是控制海上交通线，而控制海上交通线可分为不同的程度。在战争中英国可能通过控制整个海洋交通线来取得决定性的胜利；如果英国没有足够的力量去控制整个海洋交通线的话，那么英国可以选择一般性的或者局部性的控制。"海洋是一个整体"，这句话表达了一个真理，这个真理看起来很简单，但它却蕴含了更加深刻的意义。像一种规律一样，对海洋的局部控制对英国的作用总是有限的、暂时的，一旦敌人有了足够的力量，就会剥夺英国对特定区域的控制权。

有一种观点认为，如果你没有足够的力量去征服敌人的舰队，你就不应该把自己的舰队放到海外。这就是强调在战争中不要冒任何风险。这一说法在战争中已经产生了不少消极影响。在美西战争后期，美国制定的一些消极战略就是由它导致的。当时美国有足够的海军力量去寻求对一些海峡和墨西哥湾进行临时的局部控制去证明他们有足够的力量支持古巴起义，美国也有足够的实力去确保他们的远征舰队不受西班牙的袭击。但是由于西班牙舰队经常在海上游弋，在制订这些战争计划的时候美国人就犹豫了，甚至放弃了这种打算。日本却没有这么多顾虑，在其海军装备还很落后、任何一个海军舰队都能威胁他们的时候，他们还是坚持开展了在海外的军事行动，尽管他们不能控制任何海上交通线，但他们的这种做法使得对方对海洋航线的实际控制效率明显降低。在历史上人们能看到很多这样的例子，其中有许多都是成功的。在没有控制海洋的情况下也能准确地判断出自己威胁的存在，然后利用自己的有利条件和可行的方式去减轻敌人对自己的威胁，实行自我保护。

因此，考虑到其他国家可能的战略意图，英国必须清楚对海洋的控制应存在各种各样的形式和程度。每一种形式都有其特定的可能性和局限性，英国可能是局部或者整体地控制海洋，也可能是临时地或永久地控制它。但科贝特强调，永久性、整体性地对海洋进行控制在现实的实践中不可能完全实现。

要控制海洋，必须要提升和完善己方的海军装备，让它能够对付战争中出现的每一种情况。海洋国家实力的增加取决于自身力量的增强或者对方力量的减弱。这种优势当然并不是纯粹取决于实际上的相对力量，而是要受到海军地位的影响。海军地位首先意味着海军基地的多少，其次是所拥有的交通线和贸易线的重要性。

回顾英国历史，在斯图亚特王朝的最初几代国王的统治下，直到克伦威尔当权为止，除了在英吉利海峡和爱尔兰海以及在大西洋同法国、西班牙两国进行贸易中在某种程度上实行了护航制度。在地中海，英国海军只是偶尔出现，在那里进行贸易的商船只能自己照顾自己。事实上这一时期，英国不可能实行强有力的对外政策，因为要坚持此类政策，就必须召开议会筹措经费，为此则须对议会作出相应的让步，而国王却不愿让步。因此海军力量不足，只得听凭海盗及私掠船猖獗，有时甚至是在英国的近海。然而，克伦威尔的共和政体改变了这一切。国家有计划地担负起由海军保护贸易的责任，控制贸易航线的战略观念也随着贸易保护范围的扩展而扩展。控制贸易航线必须具备两个战略要素：（1）一支机动的海军；（2）靠近航线的港口，作为作战基地供海军驻泊。为了保护英国航运，英国海军进入了地中海，经过数年之久几经辗转到达了直布罗陀、马耳他和塞浦路斯等地，最终又到达苏伊士、亚丁湾及更远地区。英国还一度占领了丹吉尔，后来又一度占领了科西嘉，并几度长期占领梅卡诺岛。

海战中的集中兵力和分散兵力

海上军事力量的分布一般情况下取决于制订战争计划时在多大程度上受防御或进攻思想的控制。一般而言，它有助于实力较强的一方尽快制订一个可行的方案去尽快结束战争。相反，力量较弱的一方总是寻求避免或延迟战争的方式去发展自己的力量以实现与对方力量的平衡。这是在英国和法国的战争中经常使用的方式，这种方式有时候是合理的，但有时候会使舰队的士气严重低迷。海上战略防御对弱国，即使对强国来说也是绝对必要的，这与海洋战争的基本原则没有什么关系。那些认为在海战中靠防御是无效的、是不能取得胜利的，以及防御只能使人失去进攻精神等错误观点是把战略防御理解成战略退却了。

集中与分散兵力的含义

集中与分散兵力是指在战争过程中，根据自己军队和战争形势的实际情况，对自己的军队进行有利于取得战争胜利的合、分部署，使自己的军队在实际兵力不变的情况下，通过不同的组合形式，使自己的力量变得相对强大，为取得战争的胜利奠定基础。

兵力的分合使用，体现了军事指挥艺术水平的高低。古今中外一切卓越的军事家，没有不强调集中使用兵力的。《淮南子·兵略训》说："五指之更弹，不如卷手之一控，万人之更进，不如百人之俱至也。"《孙子兵法》（虚实篇）指出："我专为一，敌分为十，是以十击一也。"做到我专敌分，需要各种手段。如设虚形以分其势，彼不敢不分兵以备我，我则专一，在局部上取得绝对优势，因此说兵之胜负，不在众寡而在分合。在西方，第一个运用集中兵力思想的，是古希腊名将埃帕米农达。公元前371年，他使用密集楔形阵的新战术，打败了当时号称天下无敌的斯巴达军队。

分散兵力在科贝特生活的时代是许多战略家批评的对象，但是分散兵力在科贝特看来并不像许多战略家所说的那样在战争中总是起消极的作用。分散兵力在许多战争中起着或多或少的积极作用，在很多情况下，集中兵力战术不能实现的战略目标则需要通过分散兵力去实现。因为集中兵力不是绝对的。通常情况下，往往需要通过必要而主动地分散使用兵力，为在决战的时间和地点达成集中优势兵力创造条件。

集中兵力与分散兵力的作用

最好的战略是首先在总兵力方面，然后在决定性的地点上始终保持十分强大的力量。因此除了努力扩大兵源以外，战略上最重要而又最简单的准则是集中兵力。分散和分割兵力都只是例外。除非是为实现迫切的任务，否则任何部队都不应该脱离主力。

战争是方向相反的两个力量的碰撞，只有在战争确实像机械碰撞一样时，才会要求必须集中兵力。如果战争是双方力量持续不断地相互抵消的过程，那么就应该让力量陆续发挥。使用优势兵力在最初可能带来很大的利益，但是在以后却可能不得不为此付出代价。

在战术上兵力可以逐次使用，而在战略上兵力却只能同时使用。在战术上，如果开始阶段取得的成果不能解决一切，而必须考虑到下一阶段，那么，自然会得出这样的结论：为了取得开始阶段的成果，只能使用必要的兵力，而把其余的兵力配置在火力战和白刃战的杀伤范围之外，以便对付敌人的生力军，或者用来战胜力量受到削弱的敌人。但在战略上却不是这样。一方面，在战略上一旦产生了效果，就无须担心敌人的反击，因为随着战略效果的出现，危机也就不存在了；另一方面，战略上所使用的兵力并不一定都会受到削弱。

因此，如果说在战略上所使用的兵力增多，损失不但不会增大，反而往往会有所减少，从而自然会使决战更有保障，那么，自然可以得出结论：在战略上所使用的兵力越多越好，因此，必须同时使用现有的一切可以使用的兵力。

在部分战役中，很容易确定哪些兵力对于取得某个较大的成果是必要的，哪些兵力是多余的，但在战略上要这样做就几乎不可能，因为战略上要获取的成果是不固定的，是没有明显界限的。因此，在战术上可以看作过剩的那部分兵力，在战略上却必须看作用来伺机扩大战果的手段。利益的百分比是随战果的增大而增加的，因此，使用优势兵力很快就可以达到谨小慎微地使用兵力所无法达到的程度。

1812年，拿破仑依仗自己的优势成功地推进到莫斯科，并且占领了它。如果他依靠这一优势完全粉碎了俄国的军队，那么，他也许可以在莫斯科缔结一个通过任何其他途径都很难得到的和约。

科贝特要阐明的法则是：一切用于某一战略目的的现有兵力应该同时使用，而且越是把一切兵力集中用于一次行动和一个时刻就越好。但是，在战略范围也存在着一个有重点地和持续地发挥作用的问题，即逐步运用生力军的问题，特别是在生力军是争取最后胜利的主要手段时，更不能忽略这个问题。

科贝特对集中兵力与分散兵力的分析

"集中兵力"理论在战略上经常被表述为"在正确的时间和地点集合所有的力量的一种艺术"。这一理论看似很简单，但是仔细分析一下就会发现其中包含许多不同的观点，而且在所有的观点中对这一概念的表达都是不同的。事实上，在没有把船只组成舰队、把军舰编成舰队之前，国家是不太可能主动发起战争的。在这种说法中，"集中兵力"

这个词的意思介于舰队的组织形式和战略部署之间。同样，"分散兵力"这个词的每个不同的含义也会让研究者感到迷惑。有时人们会发现这个词用来表述"集中兵力"的对立面；有时候用来描述战略的部署，就意味着在多大程度上分散兵力。它还可能在集中兵力的过程中使用，用来描述集中兵力形成后所存在的状态。事实上就是这样一个术语，尽管在战略讨论中是经常提及的，但是却很难给它一个很精确很恰当的定义。对这样一些术语不能形成一些准确的定义是由于这些术语都存在很多对立性的理解和矛盾性的判断。

为了阐述他的海洋战争理论，科贝特首先对集中兵力与分散兵力这两个战略术语进行了明确的界定。

科贝特认为，"集中兵力"这一战略术语存在三种意思。第一，它用来集中部队移动后的小分队，在这一层面上，"集中兵力"这个词主要是一管理过程；从逻辑上讲它就意味着完成这一运动的过程。通过对"集中兵力"的理解使部队能达到必要的组织形式，然后能为接着进入战场提供必要的前提条件。第二，它在组织好的部队行动的过程中使用，或者在组织的过程中使用，使部队能够更好地控制和操作。这是一个真正的战略阶段，它能把战略部署发挥到极致。第三，它用在最后的阶段，当部队的战略部署已经完成，战略能够立即实施时，那就需要集中兵力进行一场集中的进攻。

"集中兵力"这一术语可能经常使用在陆上战争中，科贝特发现如果把它运用到海洋战争中会更加合适。但是这一扩展使得它在每个阶段存在的问题变得更加复杂了，使得清楚地思考集中兵力这一问题变得更加困难。用一种理性的思维进行思考，战略部署的关键应该是灵活多变的。在"集中兵力"的第一个层面上，我们考虑分散兵力会向英国的敌人掩饰英国的目的，这也将使英国有机会采用一定的方式去进攻。科贝特认为，把在陆上集中兵力的原则运用到海洋战争中是可行的，并为此分析了"集中兵力"在两个阶段的不同操作。

　　"集中兵力"这个词的意思与不同阶段的战争计划有着非常准确的重合，战争计划影响兵力部署的完成与战争的开展。集中的过程是一项正在进行的运动，它的最终结果将导致兵力的集中，并且是在正确的时间和地点寻求集中的过程。像人们所看到的一样，战略部署的核心是让它变得灵活。在战争中选择时间和地点经常受到敌人的战略部署与集中兵力过程的影响。在这一层面上，科贝特所讲的集中兵力的价值就是在不同的情况下需要使用集中兵力的时候能够有能力及时对兵力进行集中。在这一阶段，许多教科书都赞同把"集中"限定在一定的范围内的"战略性集中"。但是科贝特没能找出恰当的例证去表达这种想法。这两个过程的不同分析就是，第一种分析是主要的战略性分析，而第二种是次要的战略性分析。在自我衡量主要和次要战略分析的作用时，"集中兵力"这个词过于专业。它只能用来描述中间阶段与第三阶段和第一阶段在逻辑上的不同，在现实生活中也只起到这样的作用。如果使用"集中兵力"的自然层面的意思，人们必须把它看作兵力的部署以及兵力的集中完成之后的状态。

针对在海洋战争中"集中兵力"和"密集兵力（mass）"之间的区别，科贝特进行了详细的阐述。"密集兵力"具有其重要性，但是一旦密集兵力形成，兵力的隐蔽性和灵活性都减弱了。尽管通过组织最终的密集兵力，可以终止集中兵力的进程，来更好地设计兵力部署的形式，但是把越少的密集兵力投入战斗，越不能显示出密集兵力的优势，它就越难以在与集中兵力的争论中获得认同。

并且，为了实现集中兵力，分离和联合的思想也一样必不可少。在集中兵力的过程中，这种观点至少在海洋战争中是得到重点强调并起着举足轻重作用的。把它看作为某种目的而分散以及作为一种有效的力量把分散的意志联合起来，这就是对"集中兵力"的理性理解。集中并不意味着就是绝对的一体化，它是由一个复杂的组织形式进行的中心控制，这个组织是如此地灵活以至于在不用其他力量支持的情况下也能控制一个广泛的区域。

因此，海上集中兵力还蕴含着"联合"和"集中"的必要性。海上集中兵力以及海上战略部署会涉及很广泛的地区，使这些广泛的地区灵活地联系在一起，以寻求能迅速地集中这一区域的两个或两个以上分区域，使这一区域的任何分区域都能联系在一起，使人的思想以及军队的实力得到整合。总之是为让所有分散的兵力在战略需要的时候能迅速地联合在一起，并且任一集中兵力时刻保持在任何情况下都能进行实战的可能。

海洋战争中集中兵力这一方式在战争的进程中有着特殊的意义。在海上，兵力比在陆上更明显地被分割开了。由于20世纪初英国军队庞大的规模，自然的海洋航线限制了他们的运动。对于一个舰队来说，正常的形式就是在港口对舰队进行集中，然后通过不同的运动过程到达战略中心并且实现所需要的战略部署。但海洋的特定状况对集中兵力提出了挑战，挑战之一来自贸易保护方面。许多战争计划都需要英国更加密集地集中兵力，而贸易保护则是在兵力分散的情况下进行的。另一种类型就是在海上特殊的自由和秘密的航行，在海上没有办法限制各国的航行路线，所以对手的航行路线英国也很少知道。英国的舰队所保持的最远的距离和最广泛的分散点就是要确保英国能够尽可能观察到敌人。从而科贝特认为：两个或两个以上舰队在分散的状态下的联合很可能是基于自己客观情况的需要而不一定是基于总体战略的部署要求。很显然，兵力联合的多样性在海上比在陆上更多，而且联合的形式也在不断地向与主要密集兵力相对立的方向发展。

科贝特发现，只要敌人的舰队分散开来，英国就能获得集中兵力或分兵进攻的可能性，英国的战略部署受到对付各种联合兵力和保护自身各种目标的支配。所以英国集中起来的兵力要保持尽可能的自由和灵活。历史的经验证明，经验的老练程度决定着人们对战争胜算的把握程度。密集部署思想的优势只能在和平的状况下产生而不能在战争的状况下产生。科贝特认为，英国人在战争中应该避免使用这种逐渐衰落的战略思想。战争已经证明胜利不仅仅是赢得战争，更是为了赢得战争而作出的努力。英国海军必须为了紧密的战略联合而努力，这作为一种规则至少与密集兵力存在着明显的区别。在集中兵力的情况下冒着危险可以完成一项目标，但是最有效的办法还是通过分散兵力的办法去完成。

由于集中兵力对维护和实现和平起着积极的影响，人们对它已经产生了一种认同感，所以分散舰队的方式可能会被人看作错误的领导方式。批评家们可能已经失去了对战争经验的正确认识，他们似乎忘记了没有分散就不能形成可能出现的战略联合。科贝特从具体的事例中发现了这一事实，并得出观点，认为只有当分散的舰队处在联合部署的能力之外时才是不可取的。把部分舰队放在联合部署的能力之外是一个理论性错误，它使得在遇到强大力量的攻击时这些舰队会受到阻力而不能返回到战略中心。这种可能性也许永远都不能成为现实，它们经常取决于诸多技术因素和指挥者的指挥才能，以及天气条件，但是这样的危险性还是存在的。如果英国海军的战略部署不能危及对方的任何设施，英国就不太可能实现自己的目标。"好的领导者是这样的：他们能正确地判断在多大跨度上展开部署自己集中起来的兵力，果断而又正确地调整内聚力，且把这样的战略置于战略理论中去。"

在英国海军史上对分兵战术使用的错误例子很难找到。人们普遍引用的例子发生在1666年第二次土耳其战争期间。蒙克（Monk）与鲁珀特（Rupert）指挥着主力舰队，他们在泰晤士河上开始动员舰队，在英国南部斯皮特黑德舰队就集中到了一起，在那里他们本可以对付无论是进攻泰晤士河还是与法国联合的土耳其舰队。但是这个时候他们听到了一个传言：土伦海军舰队正在开往土耳其海峡与土耳其舰队会合。听到这样一个错误的情报，英国海军开始分兵，鲁珀特返回朴次茅斯，以免朴次茅斯成为法国的攻击目标。蒙克在占据了一个优势地位后恶劣形势随之出现，但是他相信他有足够的战略优势对法国的舰队发动猛烈的进攻。与此同时，真实消息传来，那里并没有法国舰队，鲁珀特随即被召了回来。蒙克当时已经被证明是最出色的战略家，但由于忽视了战略的基本原则，他在基本的操作中出现了慌乱。人们认为当时他应该保持他的舰队的密集部署；但是当时评论家们并没有这样评论，至少在这个观点上没有出现这样的评论。如果蒙克发动他集中起来的兵力去对付法国，那么泰晤士河就容易受到德·鲁特（De Ruyter）的攻击。这种情况不能简单地用法国称为中心密集兵力的理论进行解释。同时保卫两个地方不被攻击最好的方法就是分散舰队。就像 1801 年纳尔逊（Horatio Nelson，1758—1805，*英国海军上将，"特拉法加海战"的指挥官*）在同样的情况下被迫分散他的防御力量进行分头防御一样。没有一种情况说明分兵是错误的，因为在一些情况下必须这样做。在蒙克和鲁珀特的例子中出现的失误就是在有限的防御的情况下扩大了他们的防御范围。蒙克的正确做法应该是紧紧地控制德·鲁特，阻止他的任何行动，然后慢慢地后退，把土耳其人甩在他们后面，直到他们分散的兵力重新集中起来。如果德·鲁特拒绝追随他通过土耳其海峡，那么蒙克就会有足够的时间去组建自己的密集舰队。如果德·鲁特跟随的话，蒙克即可以在一个没有逃亡出口的地方与他较量。事实上这种错误不是战略性的，而是一种战术性的错误。蒙克高估了他开展突然袭击的能力以及舰队联合的价值，并且自以为依靠他自己的力量就能够取得胜利。分兵后的危险是很大的，而且军队的战斗力也会处于劣势。但这并不是蒙克失败的真正原因。事实上，他能很简单地取消他所渴望的行动。简单地运用"集中力量"作为标准去判断这一情况只能产生错误的思考习惯。

一般认为，理性的战略原则是除非你有一个强大的力量，否则分散兵力是不可取的；但是也有很多情况是令科贝特感到不可思议的，对方处于劣势地位，却在事实上保持了一种分散的兵力部署，这样的部署可能会使英国的某些战略目标陷入僵局。英国海军的主要目标就是要打破敌国的此种战略部署。强迫一个处于劣势的敌人集中兵力是很有必要的，它首先能够保证英国所制定的目标取得压倒性的胜利，但是这种情况很少出现。迫使敌人集中兵力，英国能够通过制订可行的战略计划获得胜利的机会。通过迫使他们集中兵力，英国可以使面临的问题简单化并迫使对方在这两个问题中进行选择：要么放弃这些地方让英国进行控制，要么就投入殊死的战斗中去。

在科贝特看来，英国海军经常寻求一定的手段迫使敌人进行集中兵力部署，但是自己并没有注意到集中兵力到底存在哪些缺陷。英国海军自己也要集中兵力去打击那些处于集中兵力状态的较弱的敌人。事实上，这就使得一句话变得很流行："集中兵力能够引起集中兵力"，这句话与历史并不矛盾。如果敌人在战斗中威胁较大甚至与己方势均力敌，这句话就是正确的。但如果是英国过分强大，那么英国集中兵力部署太完美以至于让对手没有获胜的希望，这时英国的集中兵力很可能会对敌人产生影响，使他们分散兵力并采取行动。对力量较弱的交战者来说，偶尔的袭击行动也比没有任何行动要好。对他们而言，另一个积极的方式就是作出冒险的活动去阻止英国获得利益。仅仅偶尔袭击是不能取得对海洋的控制的，但是能影响到英国计划的顺利实施。他们总是希望这种小规模的袭击会使英国的集中兵力松散，使他们能得到同样的机会去获得一定程度的胜利。

科贝特用 1805 年的战争例证阐述了他的观点。在那场战争中英国的兵力部署很分散，它是根据多种集中兵力的模式部署的。第一支集中兵力的中心在当斯（Downs），它不仅横跨侵略部队的通道，而且覆盖了整个北海地区，它用来阻止敌人对英国贸易的干涉以及防止海上防御系统遭到来自法国的干扰。第二支集中部队是著名的西部舰队，战略中心在韦桑岛（Ushant），覆盖了整个比斯凯湾。还有一个集中部队在北爱尔兰海域，它用来保护大西洋的贸易。事实上，它需要警惕的不仅是法国的海军港口，还有通到英吉利海峡的路线，这是通到西部和南部最重要的贸易线。第三支集中部队在地中海，它的战略中心在撒丁岛（Sardinia）。它是远离马耳他和直布罗陀的次中心，并且覆盖了从欧洲大陆最南端的圣文森特角（Cape St.Vincent）到土伦（**法国港市**）、的里亚斯特（Trieste）和达达尼尔海峡的全部地区。当同西班牙的战争在1804年爆发的时候，英军指挥官考虑用可行的方式分散这种控制。在海峡外面的西班牙海域被第四集中部队占据，它的中心在加底斯，与韦桑岛集中部队连接在了一起。因为这种部署是战术性的而不是战略性的，所以这一分配不能持久，在数月之后也是因为同样的原因，土伦舰队把它的中心转移到了加底斯。通过这种广泛的体系，整个欧洲海域都处于军事目的和贸易目的的控制之下了。在遥远的终端地区，像东西印度群岛，有必要的中心集中部队永久地建立了起来。这使他们能更有效地提供物资供应，把处在分离状态下的欧洲集中部队联系到一起，这使他们有足够的军事力量去对抗运动中的敌人。这种部署是如此广泛，它所取得的成就也是很大的。这就使一个高程度的战略结合不仅在各个集中部队的不同部分之间提级，在不同的集中部队之间也提级了。通过小型巡洋舰在航道、岛屿的集中，韦桑和当斯的部队很快就集合到了一起。同样，加底斯的集中部队也可以与韦桑部队联合起来。最终这些老练的集合将使所有的集中部队在关键地点韦桑组成一个更大的集中密集队形。而这种密集队形赶在敌人集合之前就能形成。

除了上述例证之外，科贝特运用大量的历史资料，包括拿破仑战争、美国独立战争等海战史料分析集中兵力与分散兵力各自的优势。科贝特认为，英国所需要的恰当的兵力分散程度取决于敌人所攻击的英国的海洋利益、海军港口，以及他们能分布的海岸线的范围。这一原则从以前的军事行动中可以展现出来，那就是英国必须不仅仅阻止敌国对英国要害地区进行的攻击，英国也要在他们实施其他行动的时候对他们进行攻击。英国必须把自己的每一次尝试当作一种反击的机会。分散兵力的目的就是满足对付不同程度敌人的需要。在英国与法国的战争中，尤其是当西班牙和荷兰与法国结成联盟后，需要防御的港口特别多，他们的军事分布也特别广泛。另一方面，英国在与荷兰的单独战争中，他们军队的分布相对较集中，在这种情况下英国的兵力经常是集中的。

但是衡量分布方式的方法永远都不是唯一的。集中兵力不仅仅取决于部队的数量和敌人军事港口的位置，还可能会根据这些港口辐射英国海域范围大小而改变分布情况。这一原因是明确的，无论敌人怎么对抗英国，英国都必须经常把一支舰队放在国内。在很多情况下保护国内贸易都是必须的，分散兵力能够实现远距离的战略援助并且获得反击的机会。就像在法国战争的例子中，如果敌人的进攻路线不能穿越英国本土海域的话，紧密的集中兵力并不能给英国带来好处。另一方面，如果像同荷兰作战的例子那样，战线能横跨英国的海域，一支集中的部队就是必要的。英国分散的实力将会通过实力相加的总和来衡量，也会通过为了打击敌人远距离的海洋利益而分散的舰队力量来衡量。

兵力集中与分散的另外一个原则是灵活性。集中兵力应该是这样进行的，任何两个部分都能自由地结合起来，所有的部分都能迅速地在集中兵力地区的任何地点组成密集兵力。并且理想的集中兵力应该是一个较弱的外形下面覆盖着一个真正强大的实力。

总的来说，科贝特不相信集结海军兵力是最高、最简单的战略法则，相反，他观察到这一原理已经变成"一种弊大于利的口号"，兵力集中原理是"自明之理，没有人会质疑，但作为实战的总则，它却是错误的"。兵力集中的观念正是19世纪战争思想中的基本原则。科贝特指出，过分强调集中忽视了古老的战争经验；若不分散兵力，则根本无战略联合可言。若己方兵力能保持有弹性的分散，则敌方就很难知道我方的意图和实力，而且也比较易于引诱其进入毁灭的陷阱。

对于科贝特强烈坚持的观点，他花费很大力气查找史料来予以证明也并不奇怪。的确，他对海军兵力集中原理的驳斥使他在《海军战略的若干原则》一书中得出了最具创造性的原理。进一步讲，这些原理在形成的过程中，科贝特卷入了一场与一些军事理论家中的领军人物以及海军专家的争论，这并没有使他的威望得以提升，因为他的原理的深奥性注定了会被他们误解。比如说，西登哈姆勋爵（Lord Sydenham）后来指控他对英国海军理论、战略规划以及士气产生了负面影响并因此导致了在日德兰战役中没能成功取得决定性的胜利。许多年后，塞西尔·福斯（Cyril Falls）指责他"弱化了斗争的重要性"。尽管遭到强烈的批评，科贝特还是坚定不移地拒绝修改他的结论。

概括来看，科贝特的主要观点是海上较好的兵力集中并不必然会取得大胜，因为相对于陆上军队而言，在海上敌人的舰队更容易逃避战争。一方舰队集中得越是强大，较弱的对手躲避战争的可能性就越大。只有通过分散，或是假装分散，较强大的舰队才能诱惑敌人进入战斗。

因此，出乎意料的是，只有较少的兵力集中（或者表面上的兵力集中）才会导致一场较大的战争。并且，海上兵力集中同样有其他的问题。海军集中得越多，海上交通航线就会越少，可占据和控制的空间也越少。"事实上，兵力集中暗含着凝聚和联络的矛盾。"科贝特这一观点的一个必然结论即"完全或充分的海上集中兵力是不可能的"。

海上兵力集中还有另外一个严重的问题，舰队集中得越大，越难隐蔽船只的动向。"一旦大规模集中形成就意味着隐蔽和灵活性的丧失"，在此，科贝特得出了另外一个很类似孙子的结论的看法，孙子说道：为了避免泄露个人意图，有必要保持他的本性。军队管理的最高境界就是使军队没有特定的模式，这样即使渗透力再强的间谍也不能混入，再聪明的将领也不敢与你作对。敌人就是按照你军队的模型来计划如何获得胜利的，但很多人理解不到这一点。尽管每个人都能看到表面现象，没有人能真正理解己方为什么能取得胜利。

科贝特同样相信假装分兵和"无形化"可以为取得胜利带来意想不到的惊人效果，"战争已经证明，胜利不仅需要赢得，也要做好准备工作，要有战略上的组合，至少进行战略分散是必要的。胜利的取得必须要冒险，而这最有效的方式就是分兵"。

第 4 章

科贝特的制海权理论

对海洋的控制是海上战争的目标。制海权是海洋战略家无一例外的研究主题。制海权及制海权理论有其历史发展过程，科贝特的制海权思想在这一历史长河中颇为闪光。

制海权及制海权理论的历史发展

制海权是交战一方在一定时间内对一定海洋区域的控制权。夺取制海权的目的是确保己方兵力的海上行动自由，保障己方海上交通运输和沿海安全；同时，剥夺敌方的海上行动自由，破坏敌方的海上交通运输和沿海安全。丧失制海权则失去海上作战的自由，对于主要依赖海洋的国家，还可能导致战争的失败。根据控制海洋区域的目的、范围和持续时间，制海权可分为战略制海权、战役制海权和战术制海权。战略制海权，是指对一个或数个海洋战区，在整个战争期间或某一战略阶段，为便于实施战争或战略性战役而占有的控制权。战役制海权，是指对海洋战区的一定区域，在较长时间内，为顺利实施某次战役而取得的控制权。战术制海权，通常是指对有限海区，在较短时间内，为顺利进行战斗而夺得的控制权。制海权是随着社会经济发展和造船技术、武器装备以及海军的发展而产生和发展的。

夺取制海权的斗争，在古希腊就已出现。公元前 6 世纪末前 5 世纪初，雅典为了控制爱琴海上的商路和通往黑海的重要航线，开始认识到必须与波斯帝国争夺爱琴海的控制权。其著名统帅地米斯托克利曾提出谁掌握制海权，谁就能左右局势的观点。经过多次战争，到公元前 394 年，雅典终于完全掌握了爱琴海的控制权。其后，罗马把制海权扩大到了整个地中海，并保持达 400 年之久。当时舰船以桨为动力，吨位小（数十至数百吨），用人力推进，航速低（6 节以下），航海性能很差，争夺制海权多在沿岸或狭窄水域以海上决战形式进行，有时也采用海上封锁。以后，船只吨位虽有增加，也开始装备少量滑膛炮，但由于装备发展缓慢，制海权斗争基本上仍限于地中海。

16 世纪，殖民主义国家为掠夺殖民地和输出商品，企图夺取和保持更大范围的制海权。在长期斗争中，英国先后击败西班牙、荷兰和法国海军，于 18 世纪中叶成为海上霸主。这一时期，军舰虽仍为木船，但吨位大大增加（达数千吨），推进力由人力改用风帆，加上罗盘的使用，可以远洋航行，舰船已装备火炮，作战威力增大。争夺制海权仍以海上决战为主。由于帆船海上活动时间长，海上封锁尤其是逼近封锁得到了广泛运用。

19 世纪末 20 世纪初，资本主义已发展到帝国主义阶段，争夺和重新瓜分殖民地及竞相进行资本输出，使制海权斗争空前激烈。潜艇和航空兵开始在海军中出现，海上决战主要由战列舰进行，往往通过一次大的海战就可以夺得制海权。海上封锁仍被采用，但因受水雷、鱼雷、潜艇的威胁，封锁兵力与被封锁港口之间的距离增大。这一时期，随着海军装备的大发展和帝国主义各国之间争夺制海权斗争的需要，出现了各种关于制海权的理论，如英国的科洛姆兄弟和科贝特等人，认为制海权是英国的国策，是保护国土、防止大规模入侵以及保护与英国性命攸关的海上运输的最佳途径，争夺制海权的最直接、最经济、最有效的方法则是用绝对优势兵力进行海上决战或封锁敌方港口。

与科贝特同时期或稍后，以法国、德国的一些海军战略家为代表提出，相对劣势的海军，建立"存在舰队"以夺取有限制海权的思想，主张建立具有相当实力的舰队，主要采取防御作战，力避主力决战，同时不放弃有利条件下的进攻和牵制行动，与优势敌舰队周旋，分散敌方兵力，以实现和保持局部制海权。当时影响最大的美国海军理论家马汉，创立了海权论（亦译"海上实力论"），认为全面制海权是国家战略的目标，是海军的主要和最终目的，进而提出了谁控制海洋谁就能控制陆地的观点，并主张实现该目标的途径是建立优势的战列舰舰队进行海上决战和海上封锁，尤其重视海上决战。在马汉思想影响下，从19世纪末到20世纪30年代，海军强国把巨舰大炮看成是夺取制海权的主要武器，竞相建造战列舰。两次世界大战对上述理论进行了全面的检验。大战中潜艇和航空兵迅速发展，无线电通信技术和观察器材得到广泛使用。第一次世界大战中，德国潜艇与英美反潜舰艇争夺海洋交通线控制权的斗争，使英国丧失了海上霸主的地位，也检验了科贝特的海上战略理论。第二次世界大战中，大西洋争夺战主要表现为潜艇战与反潜战，而太平洋上的制海权斗争则主要是美日航空母舰编队的多次决战和美国进行的海上封锁。战争实践表明：制海权斗争已成为多维空间的斗争，航母编队取代战列舰成为争夺制海权的主力，没有海上的制空权就没有真正的制海权；潜艇在争夺制海权中的作用和地位显著提升；一次决战并不能夺得整个制海权，往往需要经过反复斗争才能形成定局。

在此可以顺便提及的是 20 世纪 50 年代以后，核动力推进系统及海军诸兵种中高科技武器的装备对现代条件下争夺制海权斗争的理论和实践产生了重大影响。现代制海权斗争的特点是：海战空间增大，情况变化迅速，斗争紧张激烈，武器装备损失率高，制海权在海战中的作用和地位更加提高；制海权易得而复失，保持制海权的时间相对缩短；航空兵作战能力的提高，导弹和电子斗争的普及，使海上制空权和制电磁权成为制海权斗争不可分割的有机组成部分；多用途攻击型核潜艇与航空母舰成为争夺制海权的主要力量；海军武器装备性能的改进，使相对弱小的海军在本国近海海域阻止敌方夺取制海权的能力得到明显提高。在未来战争中，由于新技术、新装备在海军中的广泛应用，特别是远射程、大威力的精确制导武器系统的发展及新型舰艇不断出现，夺取制海权的斗争将更加紧张激烈。在争夺制海权的作战中将更加强调综合使用海军各种作战兵力、兵器，强调海、陆、空整体力量的发挥；作战方法更加灵活多样；高技术将发挥特别重要的作用；斗争将反复进行，一方保持制海权的时间可能愈来愈短。

科贝特的制海权理论

19世纪末正值科贝特步入海战研究的学术生涯时，科洛姆兄弟和马汉的研究再加上其他国家学者的著述，使海权论逐步成为海战战略中的主流。这个主流包括法国的大战役学派，他们认为海权的所有战略和经济上的益处都只有在获得海上霸权的情况下才会出现，而海上霸权可以通过一场决定性的会战或战役击败对手的主力来获得。这种胜者为王的简单概念偏向于海上强国，因此受到了当时英国皇家海军的高度推崇，而美国海军则在朝思暮想有朝一日也能获得这种地位。

此种过于绝对的正统海权理论遭到了科贝特及法国"绿水学派"的挑战和怀疑。科贝特从历史研究中得出结论，深信海权的争夺是非常复杂而且微妙的事情，它不仅仅是把敌方的战列舰队打进海底，也不仅仅是在追求自己的商业利益时扼杀对手的商业行为。首先，如果敌人极力避战但同时又保有足够的威慑力量，绝对的海上霸权难以获得；其次，一旦通过各种途径获得了海上霸权，就会带来更多的问题，包括关键性的大陆联盟的支持。最后，科贝特得出了海战有其局限性的观点：海军未必能仅靠自身力量就彻底赢得战争，如果在特殊环境和条件下，这个过程可能会漫长而困难重重。

对于很多信奉正统海权理论的人来说，科贝特的想法过于细致和复杂，他们更愿意化繁就简，而且大多数人确实也是这样实践的。1923年，海军部在科贝特出版的《海军战略的若干原则》第三卷中插入一个声明，表示他们并不赞同科贝特"最大限度地缩小皇家海军主动出击寻求决战行为的重要性并由此形成结论的倾向"。这反映了科贝特道出了一些让英国官方长期深感不安的东西。

与马汉"舰队决战"理论（单纯强调通过舰队决战而争夺制海权）所不同的是，科贝特认为制海权的关键在于控制海上交通线。在此基础上，科贝特根据海洋国家掌握海上交通线的程度不同，而将制海权分为三个阶段，并相应规划出海军在不同历史阶段的主要任务：首先是夺取制海权阶段，即敌对双方海军力量呈现出强弱差别的态势，强势一方通过寻求有利于己的与敌舰队作战和封锁的形式夺取制海权；处于劣势地位的海军国家应通过袭扰、破坏敌方的海上交通线并对其海港实施偷袭，以便在有限时间内对有限区域建立有效控制。其次是保持制海权，即处于相对优势地位的海军国家，应采取分散部署的战略方针，通过占据海上交通要道进而有效控制海上交通线，向敌国施加强大的物质和心理压力以迫使其屈服，或引诱敌方海军进行海上决战进而将其一举歼灭，将所受的威胁和损失减少到最低限度。三是使用制海权阶段，即占据绝对性优势地位的海军强国，在不受任何海上威胁的情况下，享有海上行动自由权，通过对敌人入侵的防御作战，破坏敌方贸易、保护己方贸易，以及攻击敌人远征、保障和支援己方远征的多种形式使用制海权。也可以辅助陆军完成陆上作战任务，通过"力量投送"对陆上事务施加影响。由此可见，科贝特的思想对于处在不同历史发展阶段以及具有不同地缘背景的岛国和濒海国家的海军建设，均有极强的借鉴意义和启示作用。

海洋战争与陆上战争的根本区别

科贝特认为，一般的战争理论包括三个明确的特点：首先，有集中兵力的战略思想，那就是说这种战胜敌人的战略思想是通过瞄准敌人的战略要害，然后最大限度地集聚自己的力量实现的；第二，存在这样一种观点：战略主要是明确交通线的问题；第三，集中兵力努力去攻击敌人的思想，意味着你仅仅看到了你所要战胜的力量，而没有看到你日后所要面临的问题和目标。科贝特把这些战略因素放在陆上和海洋战争中作对比，总结出海洋与陆上战争的区别。

第一个战略原则分析核心是：我们的首要目标是敌人的

主要力量。在现代海军中这一准则经常以这种形式在海洋战争中使用：那就是己方作战舰队的主要目标是寻找并破坏敌人的力量。这句话从表面并不能看到什么很深奥的意义，但是潜在的情况就不那么简单了。

这一战略准则的可行性价值在陆战中是可行的。但是在海上情况就不一样了。在海洋战争中敌人很有可能把他的舰队从广泛分散的状态集中到一起。他也有可能把舰队撤回到一个防御性的港口里面，那儿如果没有其他军队协助就绝对在你的攻击范围之外。这一结果还会使得己方不得不实施自我保护。如果你有足够的实力去进行一场强有力的进攻并且能够迅速地搜寻敌人，你就会发现它处在你力所不能及的位置。你的进攻也就因此受阻，这就会使你至少在理论上发现你自己对战争的情况还不是很了解。

英国人在战略领域较早的结论和实践是：最有效的战争方式就是集中自己的每一种力量去对付敌人的武装力量。但是当英国开始获得了一定的海上优势后，会发现这一战略就不能再很好地发挥作用了。试着搜索敌人的行动也会随着敌人的撤退而一次次受挫。科贝特认为，在这种情况下英国既不能接近敌人的任何设施，也不能制订一个方案成功地阻止敌人的撤退。事实上，在这个时候英国也不能对自己进行很好的防御了，敌人一旦有一定的进攻实力就会寻找机会一次一次地向英国进攻。对此，科贝特通过对英国海战史的研究认为英国唯一的方式就是采取一定的手段迫使敌人进入大海，并迫使他们以英国想要的方式暴露自己。英国可以采用的最有效的方式就是威胁他们的商业和贸易。

因此，不用直接去搜寻敌人的舰队，英国只需要在他们的贸易航线上去等待。

第二个区别与海上交通线的控制有关。在陆上战争中己方能够准确地对敌人进行限制并且能够准确地判断敌人运动的方向，己方知道了敌方必须要经过的道路，然后敌人会利用道路和道路上的障碍来作出决定以躲避己方对他们的限制；但是水面上既不存在道路也不存在任何障碍。水面上没有任何东西能够确定敌人的地点以及决定敌人的移动方向。实际上在航行的时候，他们在很大程度上受到当时的风向以及被确认的不能航行的通道的限制，但是在铁甲舰时代，以上的这些限制也不存在了，除了缺乏燃料外，没有任何障碍能够限制舰队的航行。因此，在打击敌人的时候，英国追踪撤退中的敌人的机会也使得战争变得更加残酷。所以，英国在实施进攻性行动时一定要谨慎处理这一准则："搜寻出敌人的舰队。"

海上战争与陆上战争的第三个区别的地方在于：陆上战争的任务是赢得战争，而舰队的任务则是保护商业。在战争中真正重要的是经济实力，而不是去维持曾经被看作至高无上的贸易流量。即使在英国与荷兰战争最辉煌的时候，整个作战计划的目标以破坏敌人的商业为重点，但是英国对自己商业的保护有时候也是不尽如人意的。

科贝特认为摧毁敌人的舰队并不是对自己商业进行保护的最好办法。有句格言是这样说的："敌人的海洋就应该是我们的前线。"这并不像"搜寻出敌人的舰队"那样是纯粹的军事格言，尽管它们两个经常可以交替使用。己方在敌人海岸线上的舰队通常把在紧急关头保护自己的商业作为自己的首要战略目标。最好的方法可能也是唯一的方法就是，确保海上只允许自己的贸易任意通行，并且自己的巡洋舰能随时对敌人发动进攻。

安全控制海洋的方式

1. 制订一个合理的控制海洋的计划

无论参加什么性质的战争，无论是有限战争还是无限战争，对海洋进行有效控制都是取得最终胜利的决定性条件。寻求安全控制海洋唯一的方式就是用自己的舰队与敌人进行交战，通过这种方式迟早会实现对海洋的安全控制，而且是越快实现这种方式越好。这是英国所坚持的传统原则，也是科贝特生活的年代英国所坚持的原则，这种原则并不需要花费太多的精力。没有人会对这一原则产生争议，英国皇家海军对此的结论是：英国舰队的首要任务就是搜寻出敌人的舰队并且消灭它。但科贝特认为，此种海洋战争理论所宣扬的看上去似乎符合逻辑的结论带有一定的危险性，在研究战争的时候没有什么比把战争原则当作一种对战争的判断更危险。

对此，科贝特运用美西战争和日俄战争来验证自己的观点。这两场战争都是有限战争，也是常见的战争形式，事实上也是英国常用的战争方式。随着海军因素的重要性逐渐凸显，这两个例子在后来的战争实践及理论研究中被频频提及。

例证之一是美国动用武装力量的目的是解放西班牙统治下的古巴。事实上并没有证据表明战争的性质要经过交战双方明确的定性，但是仅仅依据一般的政治条件，美国就把战争目标确定为寻求一定的领土。在这个例子中战略进攻不是最好的防御。"搜寻出敌人的舰队"在这里几乎不起作用，它不但不能取得一些进攻性的结果，而且还会牺牲重要的防御设施，这些防御设施是美国在战争计划中想要取得成功的关键所在。

很明显，"搜寻出敌人的舰队"这句格言在心理上是很令人振奋的，它的所有价值在于对海军士气的一种鼓舞，它不能被任何其他推理完整的判断所代替。从中科贝特似乎发现了其中所隐含的英国在海上取得成功的秘密。科贝特详细地论析了这句格言的起源及历史。从1588年英西海战到17世纪后期英国海军第二次与土耳其的交战，这一格言逐渐得到发展和强化。而当时英国所处的环境迫使它重视和强调搜寻出并摧毁敌人的原则。

科贝特利用自己对海军史料的丰富知识的灵活驾驭，论证"搜寻出敌人的舰队"本身并不足以确保这一决策的安全。

2. 实施封锁

从封锁的观点来看，科贝特所说的封锁行动包含了宽泛的特征和战略目的。首先是海军封锁或者商业封锁。通过海军封锁，英国可以试图阻止敌人的武装力量离开港口，或是确保能在敌人对英国采取别有用心的举动之前对他们采取行动。海军封锁可能是使用单纯的海军力量，或者是它包含全部力量，或者是军事远征的一部分。如果使用单纯的海军力量，那么英国的封锁使用的是安全控制的方法；如果是单纯的军事力量，它使用的是一种灵活控制方法，只有在英国要考虑反对入侵的时候才会采取这种方式。20世纪初的军事远征通常都由海军护卫舰护航，因此，海军封锁作为安全控制的一种方式和作战舰队的一种职能，可能被认为具有实战目的。另一方面，商业封锁是灵活控制的重要方法，这主要是巡洋舰的职责，它的主要目标是影响敌人的海上运输贸易量。

从具体实施的角度来看，有两种明确定义的封锁方式——海军封锁和商业封锁。从字面上来理解，海军封锁暗示着封锁港口，阻止敌人进出海域，但是这在科贝特看来并不是主要目的。科贝特认为，应该让敌人进入海域，并把敌人卷入军事行动中去，为了做到这一点，在敌人影响到英国的目的之前，英国就必须派一支舰队近距离地监视港口。封锁又有"公开"和"秘密"两种对立的形式。秘密封锁在20世纪初已经被人们认为是不适用的了。但无论将来它们以什么样的形式出现，都是海军封锁战略所主要考虑的。

科贝特将商业封锁与海军封锁的方法在贸易进攻和防御中的运用区别开来。然而，出于两个原因考虑，科贝特认为有必要确定商业封锁与海军封锁之间的关系。第一点，通常来说，商业封锁是从属于海军封锁的，它们是不可分割的一个整体；第二点，商业封锁的最直接目标是灵活控制，它还有一个间接的目标与安全控制有关。也就是说，它的直接目标是逼近敌人的商业港口，间接目标是迫使敌舰出海。

因此也就是说，商业封锁在"公开"封锁的形式上与海军封锁有着密切的关系，当英国希望敌人舰队出海的时候就会采取这种形式。商业封锁通常是英国设法让敌人的舰队移动，并获得机会以最有效的方式使自己的封锁力量逼近他们的商业港口，最后用自己最强大的力量挫败敌人，获得海上的控制权，从而减少敌人国家的贸易量。以同样的方式，对敌人海域进行军事占领，控制他们的海岸线。从而使他们要么温顺地接受战败的结局，要么必须对英国进行反击。但是科贝特强调，在任何情况下都应清楚，单纯依靠海军行动的方式，英国是不能把自己的意志完全强加给敌人的。对敌人长期实施严密而不间断的封锁在英国的实力严重消耗之前几乎可以使敌人筋疲力尽，但是英国也是要为此付出代价的。通常情况下哪里有英国的主要实力，敌人就愿意在哪里屈服于英国的商业封锁，并借此机会发展他们的军事力量，使自己不久就可以以一种相对改善的情况出现。

的确，对秘密封锁和公开封锁的选择是一个极为复杂的问题。海战理论大师们在这个问题上分为两派。一派一直是倾向使用秘密的形式进行封锁，一派倾向于用公开的形式进行封锁。科贝特认为，这种选择主要依赖于敌方军官和士兵的战斗精神，如果敌方军队的战斗精神比较高涨，英国就会采取秘密封锁的形式或者更为隐蔽的形式；如果敌方军队的作战士气比较低落，英国就会使用公开的和不太隐蔽的封锁形式。

在考虑公开封锁时，科贝特提出有三种假设一定要考虑到。第一点，既然英国的目标是把敌人引诱到作战海域，英国在制订方案时就必须给敌方进入海域的机会；第二点，既然英国要进行一场决定性的战役，英国就不能远离敌方的港口，要在敌人实施行动之前把他们卷入战争；第三点，这是个经济意义上的观点，即英国所采取的方式要把英国舰队的损耗降低到最小，从而最大限度地保留战斗实力。其中最后一点常存在歧见。有人认为秘密封锁总是会使自己的舰队疲惫不堪，而且一直会这样。但是，另一方面，又有人认为，即使舰队疲惫不堪也可以由良好的精神力量来弥补，这样的秘密封锁又可以打造出一支实力较强的舰队。在考虑这些相反的观点时，科贝特指出，在战争中，秘密封锁是最弱、人们很不想使用的封锁方式。"最弱"并不是说它"最无效"，而是它在行动时防御所占用的力量要比反击多。秘密封锁对士兵和舰队的要求是很严格的，即使最大限度地维护这个封锁系统的决策者也应该考虑至少要时刻保持五分之一的人处于休整状态，每次活动都要有两个指挥官交替指挥。秘密封锁内部固有的这些弱点，影响了对它自身价值的评价。当然随着航海技术、物质条件和组织能力的提高，对它的反对意见将逐渐减少。

科贝特认为实施秘密封锁的确有其优势，但英国必须考虑是在现有军事力量的合理限度内进行秘密封锁，还是最大限度地发掘现有军事力量的潜力进行封锁为最好的方法。秘密封锁越牢固就越需要更多的军事力量。没有相对优越的军事力量，英国是不能长时间进行秘密封锁的。但是如果英国公开封锁一支舰队，在确保时刻能够关注着它的情况下，可以允许它停留在海面上。这样即使英国的军事力量相对弱一些，英国依然可以打破他们的局部控制，从而有效地阻止他们攻击英国小舰队或严重妨碍英国的贸易。

总之，把实施公开封锁作为最好的防御敌人的方式，无论其海军战略理由多么充分，然而，其他目标不可避免地会被以保护贸易或保障军事远征的安全的方式扰乱，使我们很少能完全自由地使用公开封锁。事实上，在面对需要使用一种封锁方式的时候，我们还可以根据条件的变化找到一种接近传统的秘密封锁模型的封锁形式。

争议中的海洋及控制：以小规模进攻的方式取得制海权

对于两个交战者中的弱方来说，小规模的反击行动通常是很可取的。鱼雷的出现给予这种理论新的不可忽视的重要性。这种重要性现在已远远超过了当时人们对它的预测。科贝特主张通过具体的案例去谨慎地评价其重要性。从历史上看，在 1588 年前后的大航海时代，这一装置成功地对抗了暴露在外面的敌人舰队。在随后的战争中，这种新的武器在远洋舰队中占据很重要的地位，但是它并未重现以前所取得的成功。

在防御中能够使自己的实力增强是小规模的攻击行动内在固有的特征，同时人们还知道，随着鱼雷战的迅速发展，鱼雷的使用范围和进攻性能比它的防御性能发展的速度更快。因此，一支海军舰队在海港或者防御得当的锚地比以前更难以受到攻击；当一支舰队在海上游弋时，只要它不断地更换位置，就很难对它进行足够精确的定位以实现成功的小规模打击。

小规模进攻的潜在价值远未得到充分验证，这只能加深悬浮在此后海战中的迷雾。从战略性的视角上可以说科贝特时代的历史只是多了一个新的因素，它为小规模的攻击提供了新的可能性。这种可能性总体来讲在海战的防御中更能发挥作用。可以进一步说，进行任何小规模军事行动的可能性最终都可能被认为是为了寻求安全的控制权。

20 世纪初，由于缺乏足够的经验进行验证，科贝特无法更多地论证这种理论能否走远。尤其是像鱼雷袭击、火力打击这样的事情，在科贝特看来经验比军官和士兵的士气、技能更重要。把鱼雷看作可移动的海岸防御的典型武器，情况就不一样了。以前所说的仅仅用于对海洋的安全控制，而不是行使有争议的海洋控制措施。

灵活地控制海洋的方法

1. 对外贸易中的进攻和防御

对外贸易中的进攻和防御的基本原理或许可以用一句古老的谚语来概括：哪里有动物的尸体，鹰就会在哪里聚集，最富饶的地区总是会受到最猛烈的进攻，因此需要最坚固的防御。

科贝特认为，敌人借助军事行动打击英国的对外贸易，这对英国来说是颇具威胁力的。战争计划中首要的目标就是要破坏对方的贸易，如果一个敌对国家把打击对方的对外贸易作为使其处于海上劣势的手段，那么对手的海上贸易能在海上继续发挥优势吗？所以，为了这个目标就应借助战争或封锁的手段把对手的海上优势渐渐地消耗掉。因此除了在少数情况下，人们可以看到把商业破坏作为首要目标的好斗之士，都会努力准备一支具有优势地位的舰队。贸易防御的难度主要取决于它所覆盖的海上范围，如果贸易地区是孤立存在的，那么它们就会非常脆弱；如果这些区域相对集中，那么它们所覆盖的面积就会相当狭小，己方拥有优势的武装力量就能很容易地进行防御。除了这样的区域外，要想对其他区域进行有效的控制是不可能的，即使有效的进攻也不可能实现。因此，在商业和贸易的控制中进攻的实力就意味着防御的实力。

除了这些基础理论外，科贝特认为另外一点也是很重要的。由于海上联系极为常见，贸易的进攻和防御就密切地联系在了一起，以至于在军事行动中很难区分到底是进攻还是防御。最有效的进攻方式就是占据敌人的货物集散地，在他们控制的港口实施贸易封锁。但是，这样的军事行动常常需要封锁附近的海军港口，同时，一般来说，它还要为英国的贸易采取防御性的措施。

注意贸易热点地区和非热点地区的差别，在20世纪初，英国古老的贸易防御系统就能得到维护和发展。广泛地说，在重要关头，这一系统能牢牢控制着贸易集散地和焦点地区。利用一支由巡洋舰组成的作战舰队，组成防御区域，使贸易进入这些区域是很安全的。贸易路线之间的区域通常是无防御的。因此，英国的货物集散地由两支作战舰队把守，西方的舰队把守在英吉利海峡的入口处，北海或者东方的舰队和它的总部通常在当斯。还要在爱尔兰港增加一支巡洋舰舰队。西方舰队所把守的区域在法国战争中延伸到整个比斯开湾，它具有双重功能。除了商业保护的功能外，还可以阻止敌方港口派来的突击舰队进攻大西洋的贸易。而北海舰队则扩展到波罗的海海口和通道的北端，在对抗反对英国的海军联盟中它的主要功能是监视荷兰舰队的军事行动，或阻止法国入侵英吉利海峡的北部以及阻止法国反击英国在波罗的海的贸易。西部舰队分成两个部分，分别驻扎来保护英国近海贸易和防御港口免受私掠船和零星的巡洋舰的进攻。与此相似的是，当斯和西方舰队之间经常有一个或多个小型的舰队，主要是巡洋舰，出于同样的目的保护诺曼和布列塔尼北部的港口。为巩固这一系统，在港口还有巡逻小舰队进行活动，竭尽全力来保护沿岸航线和当地交通，这都是英国贸易防御系统的历史经验。在不同的时期，英国的系统在策略上是不一样的，但是无论怎样变化，它们一直都是在防线上，海军防御能力借助防御性的港口作庇护得到增强。其基本的原则是在爱尔兰海岸沿线保护海洋贸易，其他的大部分则是借助提供的防御区反击私掠船的进攻。英国海岸沿线排炮的销毁可以证明这个防御体系是多么完善。

类似的防御系统在殖民地也很普遍，但是在那里英国海军的防御通常是由带有一到两个沿线船只的巡洋舰舰队组成。他们的主要目的就是在舰队的舰艇上悬挂旗帜，只有当敌人用相当的军事力量进行威胁性军事行动时，它才会动用作战舰队展开护航。用小股的军事力量来抗击当地私掠船是主要的手段。也就是说，小舰队最可取的地方就是配备了自行建造的或随即雇佣的单桅小帆船为他们效力。

随着远东贸易的发展，聚焦点之中最重要的是直布罗陀海峡，该海峡被看作最重要的防御区域。从商业保护的观点来看，它被地中海舰队控制。为了监视土伦，舰队不仅控制了整个海峡，而且也控制了海上聚焦点。它有着自己的延展分支，有时候分支能达到四个，一个接近里沃纳，一个在亚得里亚海，第三个在马耳他，第四个在直布罗陀海峡。

对这些货物集散地和焦点区域的防御，通常的理论是用武装力量控制贸易集中且最繁华的水域。因为这儿有足够的区域供自己的突击舰队开展军事行动。尽管这些区域有着严密的防御系统，但这样的区域仍有可能遭到突然袭击或偷袭。只有战斗摧毁了己方对该区域的控制时，防御才会失败。

在一些重要的航线上，还是有一些没有在防御范围内的区域，这就意味着船队要安全地航行，不仅要靠巡洋舰还要有护卫舰。20世纪初英国舰队就是这样做的：当船队在航线上航行时，它们必然会聚集舰队，配备充足的护卫队来抵御攻击。从理论上说，仅靠护卫舰队就足够了，但在实践中发现，给沿线的船只分配一定的职责是很可行的也是很经济的。它们可以加入远距离的防御舰队，帮助它们返航、修整或做其他事项。换句话说，这些外援船只的配合补充了护卫系统。

20 世纪初，航运业向现代化的发展和演进，使海军设备得到极大的改善。这使得在整个商业保护过程中出现了比以往更难处理、更容易犯错误的策略。科贝特强调，为了尽可能避免犯这样的错误，在每一步的行动中英国都要记住那些发展变化，这一点很重要。其重要性可分为三点：第一点，要废止私掠船；第二点，缩短战舰的射程；第三点，无线电发报的发展。当然还有其他方面需要处理的问题，但是这三点是一切问题的根源所在。

私掠船是海上强国海军战略中最为头疼的一点。历史上，人们很难统计出过去的战争给商业造成的破坏。但是有一点是可以肯定的，把私掠船掠夺的大部分计算起来都有上百万次，甚至上千万次。还有一点可以确定，按掠夺的总量算，小型私掠船的破坏最为严重，它们总是在自己的基地附近活动，或在自家地域，或在殖民地攻击沿岸和当地的交通。据人们所知，商人们抱怨的小型私掠船相对集中地在西印度群岛和内海水域。一群小规模的私掠船造成的实际破坏可能并不是很严重，但是它在心理上的影响却很大。即使是最强有力的政府也无法忽略这些影响，它们对政府重大的战略意向起到了很坏的干扰作用。只有利用一群小型舰队才能很好地对付它们，但这样又严重地损害了大方向的布局和安排。因为临近敌方港口，逃跑很容易，这使得打击效率非常低。对付私掠船和一场民族战争很相似，普通的战略对它来说基本无效，就像拿破仑对西班牙的作战计划一样败得一塌糊涂，或者像英国在南非长期以来总是失败的。

在1815—1914年的"和平百年"中，克里米亚战争后列强在1856年的《巴黎宣言》中一致同意废止私掠。20世纪初，在科贝特看来如果废止了私掠船，那么这个问题中最令人头疼的部分就消除了。但是在当时，科贝特及英国还无法确定《巴黎宣言》能否付诸实施并取得良好的效果。因为各国政府依然可以在某种程度上或多或少地逃避《巴黎宣言》的制约，他们开始像对普通商船一样向私掠船上委派商人。任何企图借助这种方法、复兴古老的海盗式的掠夺方式就是对国际法的否认，他们自己也会遭到同样的打击。而且，至少对内海水域来说，有利于这种海盗行为的条件已经不存在了。

要加强商业保护，科贝特认为还有三点应该强调。这三点通过更多路线的选择而有利于英国的贸易安全。第一点，强势的风向不能保证蒸汽船一直保持在特定的路线上；第二点，由于航海技术的提高，在航海过程中没有必要进行惯常的登陆；第三点，英国港口多样性的分配，使得敌方要想进行有效的进攻则需更多的武装力量配置。

科贝特认为，加强商业保护的趋势在未来还会有大的发展。英国的贸易远比过去有发展潜力，而且众所周知，经济的兴衰关系到国家的存亡。在新的情况下，英国的贸易比以前更加脆弱。因此，英国必须花费更多的精力和实力进行贸易保护。但是贸易和战争本身都需要强大的海军支撑，在贸易保护方面很可能由于海军兵力紧张，而使得英国面临比以前所经历过的更大的困难。因此，随着现代化的发展，对巡逻舰队的要求要比以前高得多，巡逻舰艇致力于贸易保护的机会要相对多得多。

而对于敌国来说，科贝特认为，利用一种强大的力量对敌人的贸易进行破坏在一定程度上能改变敌国的贸易量。因为贸易量越大，在敌人贸易的非防御区进行贸易破坏就能获得越大的好处。这是因为，海洋运输贸易真正的脆弱性不是直接和贸易量相一致的，而是相反的，也就是说，贸易量越大，制定有效的贸易防御系统就越困难。

贸易保护与货物集散地和焦点地区的关系在科贝特时代的英国非常重要。20世纪初，英国要想在远东地区的贸易不断增加，就必须先处理好这种关系。东印度群岛在某种程度上也可以看作贸易防御区，在那些区域，使用传统的防御方法就能够对贸易进行有效的保护。直到17世纪末，除圣赫勒拿（St.Helena）重要的焦点地区外，在国家海域以外的远距离贸易中，其他的贸易防御区主要是依靠自己的力量进行抵抗，或者是让东印度基地的救济船提供护卫舰。但是一般来说，东印度基地的护卫舰不会去比圣赫勒拿更远的地方，因为在那里它可以与从印度、中国、南海的捕鲸区聚集的国内舰队一起返航。

科贝特主张，在未来这个防御系统必须进行重新考虑。当时欧洲列强的扩张已经有足够的可能改变现存的条件。在一场战争中，任何一个国家在这个防御货物集散地和焦点地区的系统中都需要向东大力发展。换句话说，尽管传统的防御方法可以继续使用，但是贸易防御的具体措施要随时调整以适应新的战术要求。

对此，科贝特的结论可以用两条准则来表述：第一，贸易的脆弱性与它的贸易量成反比；第二，进攻的能力也意味着防御的能力。后者在现代的发展中被着重强调，这一点是毋庸置疑的。进攻的能力也意味着灵活的控制能力。灵活的控制能力需要的不仅是军队数量，还有速度、质量和对压力的承受能力等。

在为贸易保护进行武装力量分配时，科贝特提出英国一定要有一个度的限制。从来都不会有一种方式可以对贸易进行全面的保护。英国人应当熟记：没有战舰的损失就不可能成就战争。即使当时英国全面控制了整个海域，也不能使英国的贸易无懈可击。追求无懈可击就陷入了企图在任何地方都称霸的战略恶习之中。英国的许多计划是以假设为基础的。但若假设发动战争就可以没有经济损失，那么这种假设是永远也不可能成立的，也是必须彻底放弃的。

2. 进攻、防御以及海军远征

在海外军事远征中的进攻和防御行动很大程度上受到贸易上的进攻和防御原则的制约。这两者都涉及控制交通线的问题，概括起来可以说：如果为某一目的控制了交通线，那么就可以让它为己方所用。但是在复杂的远征活动中，保持交通线的畅通并不是唯一要考虑的问题。在舰队的行进过程中，要确保不被敌人的防御军队所终止，除非是舰队要到达的目的地是一个与自己国家关系友好的国家。在通常情况下舰队是要开往敌方阵地的，这样的军事行动在开始时就会受到敌军的抵抗，这时舰队就要赋予更多明确的职责。有时还可能命令他们肩负援助的职责。

对于舰队来说最主要的一直都是要优先、客观地考虑交通运输而非护卫舰队。依据历史经验教训，科贝特认为，以往考虑或拥有护卫舰队已经证明是无用的。重复历史上的、逐步不起作用的经验是无用的。在以往海军的舰队建设中，"敌方的交通运输工具是自己首先要考虑的问题"，在 20世纪初，在某种程度上它已经成了一种通用的模式。英国的经验已经毫无争议地证明，仅靠海军不能保证成功的防御和军事远征，也不能确保阻止敌军的航行，或在运输过程中对他们进行军事打击。尤其是在公海海域，他们可以自由地选择航线，就像法国进攻爱尔兰。由于这个原因，尽管一支装备充足的海军可以有效地阻止一次侵略，但是要防御军事远征它也必须要配备一支本国的陆军。为了优化英国的防御，换句话说，为了增强英国进攻的实力，这样的陆军必须装备精良以确保在所有的军事远征中能够尽可能地减少舰队的逃脱，而他们在登陆时也不会受到致命的损害。为了这一目的，军队只要进行训练、组织、分配三项就足够了。

尽管如此，即使一个国家的海上军事远征实力低于其陆上对外侵略实力，海军也只能把陆军当作第二条防线，它在总体战略中也要包括协同这条防线一起撤退所需要的方案。采用不同的方式合理地配置沿岸舰队，以确保获得目的地后能够在第一时间与远征部队取得联系。这将敦促陆军客观地估计应付强大而有实力的巡洋舰，追捕时能够发挥出自己的优势，同时也要考虑到敌人的海军实力在无线电和巡洋舰的速度方面的提高。

因此，科贝特主张把军事远征与舰队结合起来。一支舰队由两部分组成，商船舰队和军队中的作战舰队。作战舰队是更复杂、更多功能的有机体。它由四部分组成，第一部分是陆军；第二部分是运输系统和登陆小舰队，也就是由平板船和蒸汽船组成的小舰队，这些都可能在运输中得以应用或协同运输；第三部分是舰队负责运输，也就是说它包括正规的护卫舰队和轻便小船组成的小舰队来完成登陆工作；最后一部分是伪装的舰队。伪装舰队不仅要从护卫舰队和支援舰队区分开，而且它经常会成为登陆小舰队的重要部分，也可能是登陆力量的一部分。同样的，护卫队也可能充当运输系统，不仅是支援军事力量的一部分，也可能是登陆力量的一部分。科贝特认为联合舰队在实际操作中具有重要的价值。然而在英国当时的贸易保护系统里，伪装舰队是不起作用的。

科贝特以克里米亚战争为例证，在这场战争中，英国学到了不少经验和教训。第一个教训就是：如果英国要在无法控制的海域或者在不能很好控制的海域展开军事行动，那就一定需要与负责运输的舰队不同的伪装舰队，它的主要任务就是确保必要的局部控制的安全，不管这些局部控制是为了运输还是实际操作中的军事行动。但是有一条原则是必须由英国的常规封锁舰队来确保运输的安全，一般来说，伪装舰队只集中在作战区。因此，当作战区包括重要的防御区时，当英国海军进入法国的北海岸和大西洋海岸时，这个重要的防御舰队通常也能有效地保护实际上的军事行动，因而它会形成自动的伪装舰队，要么继续进行封锁，要么在敌方舰队和战场海岸线之间占据一定的位置。然而，如果作战区没有重要的海域，或者是它位于相当远的位置很难控制，那么这次军事行动的舰队或多或少都需要进行合并，组成它自己的伪装舰队。

作为伪装舰队，它肩负的任务就是避免惊扰敌人的武装力量，所以它要尽可能地远离目标，以便能迅速地对企图对它进行干预的力量实施攻击。首先要考虑的一点是伪装舰队所在的位置，如果它企图打击敌军时要便于与敌军接触。这些事实在与敌人海军基地的接触中或我军登陆力量的接触中都可以找到，在以敌人局部的海军基地为目标的问题上，两个要点通常是完全相同的，伪装舰队的具体问题则成了一种战术，而不再是一个战略性问题。但是科贝特提醒英国要牢牢记住这一原则：无论多么需要支援，伪装舰队绝不能过多地卷入登陆军事力量之中，以至于不能及时地从中摆脱出来，作为一支单独的海军实体进行战斗，施展自己的功能优势。换句话说，它必须要像一支自由的陆军进行包围行动一样能够自由地采取任何行动。

第5章

科贝特战略思想评析

在 19 世纪末，科贝特作为现代海军学说发展第一人的角色出现，深受克劳塞维茨和若米尼的影响，科贝特试图把已经存在的陆地战争的理论运用到海洋战争中去，他的主要目标是通过规范海战的理论和原则，去填补英国海军学说的空白。科贝特所致力的海战战略是海战艺术以及界定海战和陆战的区别。他最初把精力放在了熟练运用海军的这一典型学说上。

和同时代的美国海军少将马汉一样，科贝特把海战看作国家大战略的一部分。从这一点上来说，普鲁士军事思想家克劳塞维茨对他的著作有很大的影响。对科贝特的另一个主要影响来自约翰·诺克斯·劳顿教授。劳顿是大家公认的首

个海军历史学家，科贝特被看作他的继承者。克劳塞维茨的
《战争论》对科贝特的理论来说是一种十分宝贵的基础并起
到很大的促进作用；但是，它并没有为科贝特的理论提供一
种整体框架。例如，科贝特能够在克劳塞维茨、若米尼以及
其他欧洲大陆的战略家在决定性战役和使用集中兵力原则的
例子中毫不客气地提出异议。事实上，科贝特认为一些原则
和海战很不相关，同时也违背了当时公认的原则。在完善有
限战争的理论中，科贝特又一次使用《战争论》作为他理论
的出发点，却以得出自己的理论而告终，得出了唯一的一个
在海洋环境中进行有限战争的理论。

科贝特的战争观

科贝特并没有提出全面的海洋战争理论，而是把思想集
中在海洋战略的性质以及海洋战争对国家实力的重要意义
上。虽然许多海洋战争的理论学家试图机械地把陆上战争的
概念运用到海洋战争的情况中，而科贝特却说：海洋战争的
利益和需求与陆上战争有本质的区别。综前所述，科贝特
的海洋战略思想可以概括为：战略原则指导战争；海、陆军
联合作战的重要性；保护交通线在海上比在陆地上更难以实
施；不赞成寻求决定性的战役或进行战略进攻；不认为集中

兵力是最有效、最便捷的战略形式；海洋战略中的有限战争理论；制海权的夺取、保持和使用。

从对海洋国家的现实意义看，科贝特的理论价值对于今天的军事专家来说存在于五个方面：控制交通线，密切关注敌人，获得战术上的优势；在政治、经济、金融方面进行战争和在技术、物质方面进行战争的性质是一样的；战争中的首要政治目标就是制定一种可行的战略去保护国家的利益；在战争中强调保护沿海财产的效率；慎战思想。

尽管科贝特在表达其意见时，所采取的都是低调的姿态，但这些观念具有的革命性则仍为人所共认。概括地说，《海洋战略的若干原则》这本书的确已把海军思想带到了高度艺术的水平，而且也经得起时间的考验，到今天仍然算是一本经典著作。因此，当该书出版时，在大西洋两岸都曾获得很多好评。

不过，这当然并不意味着科贝特的思想没有缺失。正如法国战略家若米尼所言，"阳光底下没有什么是尽善尽美的。"科贝特的海洋战略受时代条件和个人因素的制约，也不可避免地存在缺陷。从理论的本质目的来看，与其他西方战略思想家一样，都是希望通过控制海洋来夺取或保持世界霸权，其思想都折射出对力量和武力的崇拜，强调海上争霸和陆上夺权，因此与《孙子兵法》以义战为先、强调战争的正义性，并在此基础上追求"不战而屈人之兵"的战略意境相比，科贝特理论中的"慎战"成分大打折扣。除了近代西方战略思想的普遍缺陷外，事实证明，科贝特思想的缺失至少有下述几点：

（1）科贝特所推崇的有限战争模式，从概念上来说是自相矛盾的。科贝特认为，与大陆国家以扩展陆上领土为目标的"无限战争"相比，以英国为代表的海洋国家发动战争的目标则更为有限，因此有限战争更适合于海洋国家。但是，科贝特又把以扩展领土为目标的殖民地战争也列为有限战争的范畴，而这在本质上与克劳塞维茨所主张的以攻城略地和消灭敌国为核心目标的"无限战争"是没有任何区别的，因此虽然科贝特为英国等海洋国家提出了远离大陆战场的忠告，但是由于英国海外殖民地是其全球霸权的战略基石，所以英国根本就无法远离大陆战场。随着殖民地人民的日益觉醒，科贝特所推崇的殖民地战争，不仅未能减轻对英国国力的损耗，反而进一步加剧了其所面临的危机。英国的殖民统治，遭到了当地人民的强烈反抗，而英军也时常在应对此起彼伏的地区低烈度冲突中疲于奔命。这不仅严重消耗了英国的综合国力，而且也使英军应对高强度战争的战备能力大幅下滑，因此殖民地日益成为大英帝国的沉重负担。对此，马汉评论说："英国的属地为数众多而又遍布各地，尽管过去和现在它们在促进贸易和为战争活动提供基地方面为英国带来诸多好处，但它们一直是危险的根源、防御措施紊乱的根源，以及因此而造成的脆弱的根源。"

（2）科贝特未曾预料敌方潜艇在战争中所能扮演的角色、未能敏锐地捕捉到以飞机为代表的军事革命对未来海战模式的冲击和影响。

从理论体系来看，科贝特的理论前提是，海洋是不可逾越的屏障，因此海军能够维护海洋国家的绝对安全。然而，"一战"前飞机的发明及其在战争实践中的应用，使海洋国家的地缘战略价值发生贬损，单凭海军已经无法保证海洋国家，尤其是英国的绝对安全了。潜艇和飞机的发明如同此前的鱼雷、蒸汽舰船一样给海洋战略提出了新的课题。

科贝特相信商船有较高的速度而也不那样易毁，所以低估了潜艇战的价值。事实上，英国庞大而型号繁多的商船队既是英国强大的贸易和殖民扩展工具，同时也是帝国体系中易受攻击的薄弱环节。从今天的观点看，当时海战中日益显山露水的要素没有引起任何理论家的充分重视，这两个要素就是潜艇和飞机。很少有人能意识到这两种新式武器的开发前后仅相差20年。实验型潜艇在19世纪70年代出现，到19世纪80年代末，法国、美国以及英国都拥有了可投入实际使用的潜艇。20世纪初，具备实战能力的潜艇开始建造。

从那以后，潜艇技术获得了突飞猛进的发展，以至于到一战爆发时潜艇已经成为海上作战的利器。而第一次动力飞行直到 1904 年才进行，尽管今天我们在这里讨论海洋战略不能遗漏飞机这一重要的海战要素，尽管 19 世纪末的学者们不应忽视这一要素，但也必须承认飞机并不属于铁甲舰时代。但学者们之所以忽视飞机，也许可以从他们忽视潜艇因素中找到原因，即学问太多的人比起实践者而言想象力要缺乏一些。科洛姆兄弟、马汉，甚至科贝特对潜艇的实战潜力都缺乏足够的重视。部分是因为他们过于偏重历史实证，而他们面对的历史显然是以 19 世纪中叶以前为主，换言之，海军在 19 世纪下半叶出人意料的迅猛发展较少被他们考虑。另一部分原因在于他们相信法律将对海战行为产生广泛的约束力，例如由于 1856 年《巴黎宣言》中禁止海上劫掠；另外，"不加警告地击沉"或是在没有向受攻击一方的船员提供适当的安全条件的情况下就发起攻击的行为也是被禁止的。也许还有诸如英国的亚瑟·威尔逊爵士等人竭力维护水面战舰的"荣誉"的死硬派作风（他将所有参战潜艇均视为海盗并秘密吊死所有俘虏的潜艇兵，这种方式非常阴毒、狠辣，充分证明了所谓的英国式绅士风度与战争的不相适应）；也许还因为即使有人，如费歇尔，坚信潜艇能改变海战的面貌，但也只是倾向于把潜艇视作大舰队中有力的辅助力量；也许还因为，在当时的那个年代，保护商船和海上交通线的问题几乎总是围绕着水面威胁展开的，几乎完全没有将潜艇纳入考虑范畴，因为自从蒸汽动力出现后，水面战舰对商船的威胁大大增加了，而那时潜艇还根本无法执行此类任务，即使"一战"见证了潜艇的威力，但"一战"同时也见证了武装商船是如何有效对付潜艇的。我们无法过高地要求学究们所应具备的想象力。总之，"一战"之前，几乎没有人充分认识到潜艇的猎手本色和交战中所能发挥的潜力。

（3）科贝特不认为有采取护航（convoy）制的必要。护航是一种传统的海上贸易保护模式，不仅在铁甲舰之前的历史上被广泛采用，在此之后也多次出现。但在铁甲舰时代，由于技术和经济原因，护航战术遭到拒绝和怀疑，尽管没有在实战中完全废弃，但很少采用。对于英国而言，在传统的大海战时代，英国人使用护航措施曾获得广泛的成功，这是一项不应该忘记和忽略的重大教训，尤其是对于像科贝特这样伟大的海权学者来说，出现这种失误显然是不应该的。

（4）科贝特的"最大失败"，也许是他造成了一种印象（**其实并不能完全怪他**），使人相信舰队若能凭借其存在和地理优势来确保制海权，即无与敌交战之必要。这一点在战后曾引起极大的争论。

（5）在集中兵力与分兵的辩证关系上，科贝特在论述

"分散兵力"（分兵）与"集中兵力"（合兵）时，提到分散的舰队或兵力在某个战略地点或战略场合或情况必要时的连接、联合、组合以及分散兵力在迷惑敌人方面的作用等，这和古代中国兵法中的"分兵合击"的思想异曲同工。"分兵"以迷惑敌人使敌方不清楚己方的战略意图与目标和主力的去向，从而贸然以主力出击，则己方围而歼之。在合击之前的"分兵"，各分舰队之间互相呼应、联系、策应，则体现了分中有合，分兵是为了合击。因此，可以说，"集中兵力"在海战中的核心作用和最终制胜的作用是不可替代的。显然，科贝特认为海上分散兵力比集中兵力更重要，这在战略上有其理论意义，但在战术上是值得商榷的。也许他的思想同他那个时代英国海军的实际情况和海军战略有关。19世纪末20世纪初，英国维持海军"两强标准"，具备一定的分兵御敌的条件。英国的海外殖民地辽阔，海上贸易航线漫长，不得不分兵守护，但这毕竟容易顾此失彼，尤其是随着英国在经济实力和海军实力及地位的相对衰落，分兵守护日渐力不从心。20世纪初，英国宣布退出西半球，与此同时建立的英日同盟表明在亚洲太平洋还要借重日本，至少是同盟条约限制日本海军势力对英国在太平洋地区势力范围和利益的挑战。"一战"后期，德国的"无限制潜艇战"使英国颇为头疼。"一战"后，英国海军正式放弃"两强标准"，分兵御敌的方针更加捉襟见肘。所以，笔者认为，常规海战与陆战一样，制胜要诀依然是分兵诱敌、寻敌，而后合兵围而歼之，所谓"合兵一向，千里杀将"。即使是弱海军国也可以以隐蔽的、实力有限的海军舰队，伺机寻找敌之弱点，聚而歼之，如是再三，积小胜为大胜。科贝特的观点不为英国当局所接受，也许原因之一就在于英国海军当局和将领们已经考虑到了英国海军实力及地位的颓势。科贝特的理论更多依据的是英国海军实力相对强势的历史时期，善于从历史中总结理论和经验，但却并不适应 20 世纪初已经变化了的英国海军实力地位的现实背景。

（6）无论是海战理论还是海洋战略，作为一位主张制订军事计划时应该考虑国际形势诸因素的战略家来说，其战略思想中对海战法的忽视也是不可思议的。曾经的法律专业学习似乎没有对科贝特的海洋战略思想产生几许影响。这一方面可能是因为在信奉"强权即公理"的传统强权政治时代，英国的海上实力地位决定了未来海战中英国不会接受海战法规的约束；另一方面则可能因为科贝特对于法律条文能在多大程度上影响国家的海上实力、地位及战争的结局并不觉得值得考虑，毕竟，在"和平世纪"末期，海战法规的模糊程度即使法学家也很难准确地建议他的当事人应该作何种选择。科贝特的思想中很难发现法理主义的琐碎与严密。事实上，"一战"既见证了国际海战法的发展与变革，也在英国与中立国的交涉中见证了海战法研究对于交战国（**即使是像英国这样的海上强国**）的重要性，尽管相比于实力，法律居于次要地位。

此处值得一提的是"一战"之前的海战法规。近代国际关系史上，海上贸易地位的提升、资本主义生产方式的普及、重商主义的盛行使各国普遍认识到，海上贸易是一国实力的重要组成部分。海外贸易的拓展使欧洲强国重视战时海上贸易问题。同时，为了海外护侨及对付海盗而导致的常备海军的出现及海战的增多则共同促成了海战法规的形成与发展。海战法规的主要内容涉及中立国的海上贸易、违禁品、封锁等领域。1856 年的巴黎和会结束了克里米亚战争，《巴黎会议关于海上若干原则的宣言》（简称《巴黎宣言》）宣称："私掠行为永远废止"；作为废弃此项的部分代价，或者说是对小海军国的补偿，宣言宣称："除战时违禁品外，中立国旗保护敌方货物"；"除战时违禁品外，敌国船旗下的中立货物不予拿捕"；"封锁，为了控制的目的，必须有效，即有一支足够力量的海军集结足以阻止接近敌方港口"。但巴黎宣言"漏洞之大，足以驶过整个英国海军"：没有对违禁品作出定义，当违禁品清单被无限延长时，交战国不必为了没收敌货问题而受指责。1908 年，伦敦海军会议历时两个月，签署了著名的《伦敦海战法宣言》，宣言共 70 条，包括战时封锁、战时违禁品、违反中立的业务、中立捕获船的毁坏、改悬中立旗、敌性、护航、搜查之抵抗、赔偿等。然而没有一个国家批准这一宣言。战争的残酷往往容易导致孤注一掷。法律只有在可以为我所用或者不遵守它就很可能影响战局发展前景及国家命运时方会受到重视。诚然，优秀的战略家、军事家应该考虑战争法、战时外交、经济、政治等因素，但战略思想史上有此雄才大略的战略家实属罕见。

科贝特与马汉

马汉的海权理论及海上战略理论

艾尔弗雷德·塞耶·马汉（Alfred Thayer Mahan，1840—1914）是美国历史上最著名和最有影响的海军理论家和历史学家、海军少将。由于受家庭的熏陶，马汉对海军战略研究产生了浓厚的兴趣。在广泛研究历史特别是海战史的过程中，马汉发现，所有帝国的兴衰几乎都与"海权"有关，可人们从来没有把控制海洋作为一个历史要素而系统地分析和考察。马汉是海权论的创始人，毕生从事海军历史和海军战略研究。他的第一部巨著《海权对历史的影响

（1660—1783）》（*The Influence of Sea Power upon History，1660-1783*）出版于 1890 年。两年后他又出版了其姊妹篇《海权对法国革命和法兰西帝国的影响（1793—1812）》（*The Influence of Sea Power upon the French Revolution and Empire，1793-1812*）。从此，马汉成了影响历史的人物。马汉的著作立即在大西洋两岸获得好评，尤其在英国最甚，其成功的程度远超过任何人想象。1893 年，马汉调任"芝加哥"号巡洋舰舰长，他对此职毫无兴趣，但却"因祸得福"。他的船在 1893 年和 1894 年前往英国访问时，获得了空前热烈的接待和莫大的荣誉。他接受维多利亚女王的国宴，作陪的除了英国政要外，还有在英国访问的德皇威廉二世。牛津和剑桥两大学在同一周内都赠予他荣誉博士学位。总之，他在英国的成功才使得他在本国声名大振。1896 年，他从海军退休，从此专以著书为业。他的著作除了以上提及的之外，代表作还有《纳尔逊传》和《海军战略》等。

马汉的海权史观集中体现在三本书中：《海权对历史的影响（1660—1783）》《海权对法国革命与法兰西帝国的影响（1793—1812）》和《海权与 1812 年战争的关系》。马汉十分强调制海权对国际政治的意义，这是他的一大特色。他通过对 17、18 世纪重商主义和帝国主义时期的海上强国英、日历史的大量研究，提出了关于美国海军政策、海军战略、海军战术的一系列基本原则。

马汉的主要思想分两个层面：一是海权层面，包括其"海权哲学"（philosophy of sea power）以及其作为"海权先知者"（the evangelist of sea power）的角色，这构建于历史基础之上。二是狭义的战略层面，即海军战略理论。从学术价值与影响而言，第一个层面更重要。马汉提出"海洋霸权优于大陆霸权"的新观点，目的是阐明"海权对历史过程和国家繁荣的影响"。他认为：任何一个国家要想成为强国，必须先控制海洋，尤其要控制具有战略意义的海峡、通道。为了争取和保持制海权，必须拥有强大的海上实力，即强大的海军舰队和商船队以及能控制战略要地的海军基地。

马汉的海权思想体系概括起来讲包括两个大部分：一是海权的构成，即海权的影响要素；二是海权的运作。海权的影响要素有六个，它们是地理位置、自然结构、领土大小、人口数量、国民习性和政府特征；海权的运作又包括海洋的使用和海洋的控制两个部分。海洋的使用有三个方面，简单地概括就是商业（生产、运输）、航运（海运）和殖民地（原料产出地、市场、海军基地）；海洋的控制包括四个方面：一是有强大的海军，马汉强调的一直都是大海军的战略，特别强调和支持海军的建设和发展，认为只要有强大的海军就能在海战中立于不败之地，就能保持国家的永远强大；二是攻势作为，拥有了强大的海军就拥有了战胜敌人的决定性因素，海军应时刻保持强大的战斗力，要时刻做好攻击别人和对付敌人攻击的准备；三是海外扩张，海外扩张和占据殖民地是马汉的海权思想体现出来的，马汉的海权思想包含着很强烈的扩张理论；四是制海权，马汉一直强调制海权的重要作用，认为谁控制了海洋谁就可以控制世界。

如果说诚如他自己所说的在海权思想方面其灵感的来源是完全出自内心，那么在海军战略方面，情况就恰恰相反。他采用所谓的"比较法"来进行研究，也就是企图把陆军战略的已有规律运用到舰队的行动上。马汉全面总结了自17世纪以来历次海上战争的作战经验，从中概括了海洋战争的若干原则，即海军战略原则。在总结中，马汉一方面充分吸取了拿破仑、克劳塞维茨、若米尼等人的理论及其方法论的遗产；另一方面又借鉴了英国海军理论家科洛姆、科贝特等人的研究成果，对风帆时代的海战作了大量的剖析，从中找到了他认为完全适用于未来铁甲舰时代海上作战的原则。这些研究的成果就形成了马汉海军战略理论的雏形，为他后来确定海军战略理论奠定了基础。实际上，在马汉1911年出版的《海军战略》一书中，大部分的理论观点、证据和史例评论，都来自《海权对历史的影响》一书。总的看来，马汉关于海上作战的原则可以概括为以下几条："中央位置"原则、"交通线"原则、"舰队决战"原则、"集中兵力"原则。

马汉的海权思想和海军战略在世界范围内引起了极大的轰动，对百余年的世界历史产生了重大的影响。在马汉的战略思想中，人们第一次透彻地认识到海权以及控制海洋的能力对国家命运和世界历史的巨大作用，而且成了西方各主要国家制定国策，尤其是海军政策的主要依据，直接推动了19世纪末20世纪初的海军军备大竞赛，深深地改变了美国的历史进程及动向，并对世界历史的发展产生了广泛的影响。

马汉的思想首先在英国引起了极大的轰动。这一点颇有讽刺意味。英国虽然在历史上建立了世界上最强大的海上力量，并在长达数百年的时间内占据了海洋霸主的地位，但英国人还是对马汉的理论给予了高度的评价，并称马汉的理论在海军界"无人可及"，公认马汉本人是"海军的贤哲之一"。实际上，马汉的理论在英国产生轰动有着更为深刻的原因，当时英国迫切需要一种有说服力的理论来支持海军的扩建计划。马汉理论的出现，使英国海军界和支持海军的人士如获至宝，立即以马汉的海权论为凭据，大声责问政府，为什么1890年给予陆军的经费比海军多？英国政府如果不支持海军建设，将会危及国家的安全。在马汉的海权论的影响下，英国决策者不仅坚决地支持海军的扩建计划，而且向海军投入更多的人力和财力。

马汉与科贝特思想的比较

作为海军战略家中"历史学派"（historical school）的创始者，科贝特与马汉有很多类似之处。他们都是中年以后才开始认真治学；他俩都是核时代以前的海军战略理论家，都从研究历史与海战入手，总结出海战的基本原则和规律；都强调夺取制海权、控制海上交通线的重要性；强调海上集中兵力的原则；强调摧毁商业航运不是海战的决战样式；强调海军为国家政治目的服务。他们都同样强调历史对海军教育的贡献，都以海军史和海军战略为主题，科贝特在这一领域的成就可以说与马汉相互伯仲。马汉为世人所回忆的特点是他能把军事史正确地放在国际关系和经济事务之中，而科贝特则被公认为是最了解海军战略运用的人。若以著作而论，在数量上是马汉领先，但在质量上则科贝特可能后来居上。科贝特出版第一本主要著作的时间差不多比马汉晚了十年，所以马汉的著作对他当然曾经产生相当的启发和示范作用。科贝特治学态度相当严谨，用的均为原始资料，而马汉则几乎完全依赖第二手资料。他们二人之间有惺惺相惜之感：马汉虽早已成名，但对科贝特颇表尊重；科贝特也从不公开和直接批评马汉的著作，至少在其有生之年是如此。在著作之中，马汉的书是以最早的两本最具不朽价值，而科贝特则以《海洋战略的若干原则》奠定了他的克劳塞维茨式的海军战略理论家的地位而名垂青史。

科贝特与马汉的不同之处在于：

马汉生活的时代，美国正处于实力的上升期，因此马汉的海军理论可形容为"龙虎争霸"，海军需要突破老牌殖民帝国的固有势力范围。科贝特生活的时代，英国海上力量已达到顶峰，他的理论强调"以虎搏兔"，将海军转变为对殖民地和传统陆权强国进攻的利器。

马汉主要根据若米尼的战略理论研究海军战略，科贝特则是根据克劳塞维茨的战略理论研究海军战略。

马汉注重研究海上力量与海军战略的普遍原则，而科贝特是注重分析英国作为海上强大帝国成功的原因，这是他对海军战略思想最重要的贡献。同样深受陆战理论影响，但是科贝特的理论由于有很多原创性的见解，却更多地表现出了与传统的大陆战略理论的明显分歧。

科贝特对舰队决战的强调较少。他的这种观点引来了不少皇家海军军官的不满，他们认为科贝特的这种观点缺乏在拿破仑战争中纳尔逊将军战略思想的那种英雄气概。

与马汉海洋战略思想相比，科贝特的理论强调海军战略是更大的国家战略的组成部分，他坚持必须结合国家政策考虑海战的性质；科贝特强调海军与陆军联合作战的重要性，在他的理论中联合作战才是海战的最高杰作；科贝特还独创了海上有限战争的观点；科贝特强调海上集中兵力的特殊性，运用海军兵力分散攻击或保护海上交通线，当大的威胁出现时能够迅速集中于指定海区。这里关键是分散兵力时也要随时做好进行舰队决战的准备，非如此，舰队决战不可能发生。在后世的英国海军史学者看来，"科贝特的学说在认识海权的局限性以及海上力量如何支援陆上和两栖行动方面与马汉和科洛姆的理论有很大差异"。科贝特在使用制海权的方法上，与马汉的海权理论有某种相通之处，但在马汉的基础上，增加了"绝对优势"的舰队如何寻找和歼灭处于收缩防御中的"劣势舰队"的方法，是对马汉思想的发展与更新。

从理论和历史的发展来看，马汉优于科贝特的思想主要体现在以下几点：

第一，在马汉的战略理论中，他对潜艇在未来战争中的作用给予了充分的肯定和强调，认为在未来的战争中潜艇会扮演很重要的角色。而科贝特则从未预料到敌方潜艇在战争中所能扮演的角色。

第二，马汉强调采取护航制的重要性，认为护航是对自己商业的保护，只有保护好了商业才能在战争中获得优势；

此外"须对运输船队进行直接保护，这就是说，必须有一支武装舰船伴随其活动，这些武装舰船的力量要同航运事业的重要性相互对称。……仍须记住，这样的运输船队往返时都要像这样有武装舰船保护防卫"。而科贝特则不认为采取护航制有什么必要。

第三，在战略进攻与防御方面，马汉强调在海战中进攻的主动性和优势，强调大规模的会战和决战，他认为只有进攻和大规模的会战和决战才能确保取得战争的胜利，才能更好地控制制海权。

马汉认为，防御的有利条件主要是防御方可以从容准备采取多种预防措施。防御的根本不利条件极为明显。它不仅是弱方迫不得已而采取的态势，而且当战线不只一条之时，这是常有之事，防御方还会苦于难以进一步确定敌人可能在何处发起攻击。这样便会导致需要分散兵力。真正的防御必须具备两个因素：一是实力虽悬殊但防御方却可以通过骚扰等给对手造成损失来逐步缩小兵力差距直至转守为攻；二是采取守势还必须有一支虽属劣势但却具有相当规模的战斗舰队，以及敌人非经正规作战就难以夺取的港口。

而科贝特在《七年战争中的英国》（第一卷）中认为："当我们说防御乃是更为强而有力的战争方式之时，指的是，如果计划得当，它只需要一支较小的兵力，当然，我们仅就只有一条一定的作战线而言。假如我们对于敌人将要攻击的大体作战线确实一无所知，我们也就无法将自己的兵力集结于该线，于是防御就会脆弱，因为我们必须被迫分散兵力，以便能在敌人可能选择的任何一条作战线上阻止敌人。"这在马汉看来颇为奇怪：因为显而易见，一支强大到足能在数条作战线上阻止敌人的兵力就应以其所拥有的优势采取攻势。马汉不喜欢"防御乃是较之进攻更为强而有力的战争方式"，认为"防御不外是在于善处逆境；其所为并非所愿，而是在不得已的环境之下，尽力而为"，海军舰队在海上的积极作战行动是最好的支援海岸防御作战的做法；海上攻击是海军舰队在攻防中的基本作战方式。

从二人对当时和后世的影响来看，马汉实居于遥遥领先的地位。马汉的《海军战略》于 1911 年 11 月正式出版之后，首先受到当时世界第一、坚持"两强原则"的英国海军的推崇，他们一致认为马汉的《海军战略》一书远在较早出版的科贝特的《海洋战略的若干原则》之上。不仅当时美国以及其他国家的政策都受到他的影响，而且即使在今天，他也仍然是"蓝水学派"的祖师爷。反而言之，科贝特对于当时英国海军政策虽不无影响，但到今天可能除研究海洋战略的学者之外，几乎已经很少有人知道他的大名了。

应该提及的是，马汉的理论阐明了海上力量对国家命运决定性的重要性。他的理论标志着美国蓝水海军战略思想的产生和形成。美国根据马汉建立优势海军的思想，大力扩充海军，从而不但建立了优势海军兵力，而且在美国树立了尊崇海军的传统观念。马汉的理论后来在美西战争和两次世界大战中受到实战检验与发展，以后一直作为美国海军战略及后来的海上战略的基本指导思想。但是，马汉的夺取制海权思想固然有其正确性，但是在第二次世界大战，特别是在太平洋战场之上，其过时性也显露无余。马汉原来的制海权思想是强调通过以战列舰为主力的舰队决战夺取制海权。参战前，美海军也是遵循这一战略指导思想建设海军并准备战争的。但在美军参战时，其太平洋舰队战列舰几乎全在珍珠港事件中被日军击沉，舰队只能依靠航母作战，随着珊瑚岛海战、中途岛海战的胜利，美国海军逐步扭转了太平洋战区的战局，从而开始认识到航母的作用。海军的作战指导思想也随之发生根本变化，以航母为核心的思想取代了战列舰至上的思想，美国海军开始编组航母作战编队。战争实践使海军认识到没有制空权就没有制海权和在海战中建立制空权的思想。

科贝特与克劳塞维茨

在历史上，即使是最具创造性的理论，也不是凭空想象的，而是会汲取他人的部分研究成果。为了描述这一思维过程，历史学家科恩发明了"思维转变"这一概念，用以揭示伟大的科学家们是如何以现有的知识结构为依据或催化剂来获得自己的灵感的，例如埃萨克·牛顿和查尔斯·达尔文这两位科学家在形成自己的原创理论时或者在其他人的研究成果上融入自己的思想，或者从现有的理论中得到启发。同样，创造性的思维过程也表现在海洋战略领域。众所周知，马汉自己就承认深受若米尼研究成果的影响。科贝特同样深受克劳塞维茨《战争论》的影响。但是尽管马汉综合了若米尼的研究成果，科贝特引用克劳塞维茨的《战争论》作为自己理论的基本观点，但马汉坚持了若米尼理论的同时也增加了"陆地战略"；相反，科贝特尽管受到《战争论》的启发，却形成了不同于有时甚至与克劳塞维茨相反的理论，有趣的是科贝特所采用的方法好多类似于他从未读过的一部作品——《孙子兵法》。

克劳塞维茨与他的《战争论》

克劳塞维茨（Carl von Clausewitz，1780—1831）在西方战略思想史上的地位与孙子在我国战略思想史中的地位大致相当。克劳塞维茨英年早逝后，著作由其夫人整理出版，全集共十卷，而《战争论》为前三卷。《战争论》共125章，分为8篇：论战争性质、论战争理论、战略通论、战斗、兵力、防御（克劳塞维茨写完该篇才感觉到其所完成的部分有修改之必要）、攻击、战争计划。

克劳塞维茨的《战争论》虽是一部为世人所公认的不朽名著，但它也是一部不完全的书，其原因不仅是因为他未能将全书修改定稿，更是因为其书中还是存在着若干漏洞和缺点。

首先应指出的是他的注意力焦点放在战争的较高层面上，也就是所谓政策、战略、作战指导、战略计划等。至于技术、行政、组织等因素并未给予适当的重视，甚至认为这些因素对于战略问题并不能产生重要的影响，所以也就可以存而不论。克劳塞维茨所界定的战略实际上仅为"作战战略"（operational strategy），不过他也是注意到战争有社会层面的第一位大思想家。但对于战争的另外两个向度，后勤与技术，则几乎完全予以漠视。

克劳塞维茨对于战争的海洋方面也几乎完全不曾讨论，这也是常为人所诟病的一项事实。克劳塞维茨是一位内陆国家的陆军职业军官，他可能一生都不曾有过航海的经验，所以，他的书不曾给予海洋因素以任何注意，实乃事理之常，毫不足怪。但有一点必须指出，他的书虽并未公开讨论海洋战争或海军战略，但这并不意味着其所发展的概括性理论和观念不能够应用到陆地以外的战争范围。事实上，他的基本观念，例如机会与摩擦、攻守之间的互动、战争为政策工具等都可以普遍地应用，而不受任何时空因素的限制。

实际上，20世纪初期的两位海洋战略大师，马汉和科贝特就是分别从若米尼和克劳塞维茨的著作中找到其所需要的灵感，从而建立他们的海洋战略思想体系的。固然克劳塞维茨和其书中所引述的史例都是他所最熟悉和最感兴趣的陆上战争，但我们并不能因此就以为其理论架构不完全，或不能适用于陆地以外的战略环境。

与一般人的想象并不完全一致，克劳塞维茨并非不重视经济因素在战争中所扮演的角色。他在《战争论》第八篇中讨论18世纪的战争性质时，曾明确指出"军事组织以金钱和人力为基础"。依照他的看法，国家的经济资源与其地理和社会政治条件结合，即足以决定其军事政策。不过，经济、地理、社会、政治等对于战争或战略都只是一种先决条件，而并非其理论架构中所要分析的重点。

克劳塞维茨的著作虽然如此伟大和不朽，但概而言之，尤其是自今日观之，还是有其显著的弱点，并应予以补充和校正：（1）科技的发展给战争带来了新因素，那是他无法预知的，当然也无从考虑。（2）在他那个时代非常简单的问题到今天可能已经变得非常复杂，而他的书对于这些问题都不曾给予应有的重视。（3）某些主题被他认为与战争指导无关，例如战争的起因、道德伦理、经济因素等，但在现代战争中都已成为众所关注的部分。（4）克劳塞维茨在其书中所作的观察或所引述的资料也不免偶然会有错误而应予以校正。

科贝特与克劳塞维茨的比较

科贝特和克劳塞维茨有诸多相同之处。首先，两人都强调政治因素在战争中的首要地位以及制定出合适的战略来保卫民族利益。很明显，科贝特在读《战争论》以前就明白了政治因素的重要作用，但是克劳塞维茨的思想使他的这一理论更加清晰。基于教育的目的，科贝特同样坚持研究和发展战争理论，这一点在"关于战争的理论研究——战争的作用及局限性"（《海洋战略的若干原则》第一部分）中表述得很清楚。

其次，两人同样都认为，即使最好的战争理论也"不是判断和经验的替代品"，它不能将战略系统化为具体的科学，充其量，理论能搞清楚什么是"正常的"，但是战争，由于其相互性、不确定性以及复杂性，却经常受到异常规律的制约。因此，科贝特像克劳塞维茨一样反复强调理解战争理论的价值和其固有缺陷的重要性。

再次，双方对"大战略"概念存在认同。克劳塞维茨虽未使用"大战略"这样的名词，但他对于大战略的含义则早已有明确的了解。在第一篇第一章"战争永远不应视为某种有自主权的东西，而经常应视为一种政策的工具"，随后在提出战争三位一体观念时，他指出："作为一种政策工具，战争的服从要素使其仅受理性支配。"因为大战略的要义就是战争对政策的服从，所以姑且无论政策为何，其执行都必须在战略权力所能达到的范围之内。

科贝特和克劳塞维茨观点的不同也是显而易见的，主要体现在"集中兵力"和"有限战争"两个方面。

1. 集中兵力

科贝特不赞同克劳塞维茨（还有若米尼）等陆战理论家及大多数他那个年代的英国海军战略家所钟情的"大战情节"。

最大限度地集中兵力确实是赢得决定性战役消灭敌人的

关键因素，克劳塞维茨、孙子、若米尼以及其他所有的思想家都会认可这一最为重要的战争法则。克劳塞维茨是用下面的方式表述的："在决定性时刻，尽可能多的军队要投入战斗……这是战略的第一准则。"（《战争论》3.8）同样，"最好的战略就是一直保持强大，开始时整体上保持强大，接着在关键时刻保持强大……没有比兵力集中更高更简单的战略法则了。"（《战争论》3.11）

科贝特不同于克劳塞维茨之处却恰恰与孙子的观点相类似。首先，科贝特不相信集结海军兵力是最高、最简单的战略法则。科贝特强调在关键时刻兵力集中的重要作用。对于科贝特来说，兵力集中不是克劳塞维茨和马汉所声称的单纯集结大量船只，相反，他认为要操纵敌人的战略，这样就可以按照自己的方式作战。这些战略通过创造敌人必须服从的条件来使敌人作出相应的举动。他们通过用一些敌人一定会拿取的东西来诱惑敌人，用利益加以引诱，这样就可以保存力量来等待敌人。孙子的相似表述也同样可能被认为具有负面影响，因为他认为分散兵力和转移人的注意力比使自己的兵力集中更重要。

其次，科贝特对战争之前或之中形成的外交同盟体系感兴趣，并且他关注战争中的经济和金融，同样关注战争的技术和物质方面。这些克劳塞维茨不感兴趣。科贝特和孙子都认为一个好的战略应该按照自己喜欢的方式并且发挥比较优势。正如孙子指出的那样，聪明的军事家会把自己的意志强加给敌人，而不会让敌人将意志加给自己；善用兵法把敌人引向战场。

科贝特和孙子共同使用的另一个重要方法是他们都期望以最小的代价来赢取胜利。因为这需要以最小的风险获得最大的收益，他们的理论由不断地寻求低成本胜利所主导。

克劳塞维茨相信军事经济是一个危险的虚假经济，他更愿意关注军事结果——也就是关注结果，而不是成本。他说："因为在战争中，努力太小不仅会导致失败，并且会造成危害，使每一方面被迫使转向其他。"在克劳塞维茨观念中，一个真正的军事经济不是以最小的成本赢得胜利，而是充分利用可以利用的兵力而不计较成本。

和克劳塞维茨、若米尼以及其他陆地战略家不同，科贝特没有寻求决战或者战略进攻的兴趣。总体来说，他比较喜欢战略进攻，但强调进攻要保持在可操作的程度。结果，他的反对者错误地认为他的关于战略水平的言论只涉及较低层次。科贝特的战略是基于理性推断，而不是像拿破仑和纳尔逊那样靠简单的观察。同样，和孙子一样，科贝特反对遭受不必要的风险，而克劳塞维茨凭借军事天才的直觉，认为可以冒重大的风险。科贝特重视勇敢是领导者必备的品质，但他认为仔细的思维和战略创造能力必须支配所有行动。

因为勇敢的行动中总是会包括一些鲁莽的行为，因此遭到科贝特的批判，他在防御战上的战略理论被认为是缺乏激情和战斗精神的。经过仔细研究，我们发现科贝特的战略防御理论包括诸如地方性进攻、投入陆军兵力、各种各样的封锁、破坏敌军贸易线等。此外，科贝特认为一旦敌军在海上和陆地遭到充分弱化，对他们进行战略进攻就不可耽搁。然而对进攻的崇拜占据了与他同时代人的思想以至于没有人听到科贝特理论的精华部分。作为一名战略家，与其说科贝特是某类战争的典型代表，不如说他更关注如何获得某一特定目标这一问题。

根据科贝特的理论，海洋战略家必须接受这样一个事实：海战不是游戏，因为它几乎不可能完全控制整个海洋。并非总是当一方失去了对海洋的控制权，控制权就会传递到另一方。在海战中通常的情况是双方都未能取得控制权，也就是正常的情况是海洋不是得到控制，而是没有被控制……控制权通常存在争议。这种争议使海战战略备受关注。

但是科贝特并不是很关心此问题，很可能是因为他相信忠诚的皇家海军可以以最快的速度控制制海权。这一"轻松的"态度显然与克劳塞维茨的战争理念相反，克劳塞维茨认为战争是为了尽可能快地解决争议而采取的挑衅行为。对于克劳塞维茨来说，归属清晰是目标，欺诈行为是手段，容忍争议的存在或者共同拥有海域管理权的思想是令人讨厌的。

然而，达到期望的集中兵力并且赢得关键性战斗的胜利值得所花费的成本吗？克劳塞维茨、若米尼、马汉以及大陆战略家都会给出肯定的答案。遭受决定性失败会迫使敌人按照胜利者的意愿做事。但是克劳塞维茨的个人观点却不是这样的简单，他知道即使最具有决定性的胜利也只是完成国家长远目标的必要条件，而不是充分条件。他指出："在战争中，结果永远不是最终的。"他的意思是，通过战争所获得的东西不会持续长久，除非政治领导人和外交官向战败方提出长期的可以接受的和平条款，并且为和曾经的敌人建立共同的利益作出具体的努力。

然而，对于科贝特来说，对取得决定性战役的胜利的探寻却没有同样的吸引力。作为一名海洋战略家，他认为"人类依靠陆地生存，而非海洋，战争中两个国家之间的最大问题从来都是（除非极个别例子）由己方的军队能够对敌人的国家和生活产生哪些威胁决定的，或者是由于敌人害怕军舰增强了己方的军事威慑力"。简言之，海战决定性战役的胜利是如此之稀少，不值得花费这样的努力。在一个所有其他海军战略家都认为纳尔逊在特拉法加海战的胜利是值得效仿的年代，科贝特指出这样的崇拜是不值得的。他指出，毕竟大海战胜利这一战略结果远不足在大陆上对拿破仑战役那样受到关注，并且，纳尔逊或许会遭受很大的战术风险。特拉法加海战的胜利"使英国最终获得了海洋的统治权，但他却使拿破仑获得了陆地的统治权"。

科贝特在写这些言论时并没有试图巩固他作为一个海洋战略家的知名度，然而却遭受了来自国内和海军内部或公开或隐蔽的批评。海军在运输、供给方面的支持以及陆军部队的配合操作是海军及其力量的基本源泉。如前所述，后来科贝特对这一不受欢迎的领域的顽固坚持激起了人们对他的指责，指责他的战略理论是日德兰战役失败的原因。当然，科贝特认为日德兰战役没有必要，正如特拉法加海战一样，即使英国在这场决定性战役中获得胜利，也不可能使英国在陆地战争中获得比这更重要的影响。

2. 有限战争

科贝特所创立的有限战争理论，为我们准确地认识他对一般的战略尤其是对海军战略的贡献提供了很好的例证。科贝特所论述的这种有限战争理论，与对他启发很大的克劳塞维茨在《战争论》中所论述的有限战争理论有很大的不同。科贝特关于有限战争的新观点也使我们能够认识到，通过海军视角可以对战略进行更新颖、更深刻的理解，而以前这些都被陆地战略家们忽视了。

事实上，克劳塞维茨的理论并不能对英国实力的扩大作出令人信服的解释。能够对此作出解释的只有科贝特根据海洋的独特环境所建立的有限战争理论。克劳塞维茨的理论认为只有战争目标有限或者实力较弱的国家才应该进行有限的防御战争；然而，科贝特却认为不管国家的实力多么有限，只要能够采用适当的战略并拥有独特优势的战略环境，就能使国家的实力大增。我们知道，对于克劳塞维茨来说，进行有限战争首要考虑的是战争的政治目标（同时也应该取决于战争手段的可行性）。科贝特把他的海上有限战争的理论模式在此基础上向前推进了一步，使它成了一种新的战争理论。在这个过程中，他撇开对有限战争的政治目标考虑，而是把精力集中到研究特定战争手段的有效运用上面来，用自己科学的有限战争的理论模式替代克劳塞维茨所认为的"有限战争是偶然发生的事件"。他的这一理论融合了海军和陆军战争理论，使用一些小规模但有实力的海军力量，利用它特有的部署使一些特定手段发挥最高的效率。他的这一理论的成功把"有限战争是偶尔发生的事件"和"海军和陆军行动紧密联合在一起能够给敌人一种灵活的沉重的打击，而且打击的力度会远远超过海军和陆军所固有的实力范畴"这两种理论联系到了一起。这种情况就是说明整体所取得的结果要大于各部分之和。

科贝特对有限战争的赞赏激起了同时代人对他的怀疑，他把有限战争的作用比作战略防御的作用，并很努力地试着让读者对他的有限战争理论产生信心。

在《19世纪战争理论的发展》一书中，盖特（Azar Gat）把科贝特的海洋战略原则描述为"克劳塞维茨的翻版"。这种论述完全低估了科贝特战略理论的原创性和对战略理论的贡献。克劳塞维茨的《战争论》对科贝特的理论来说是一种十分宝贵的基础以及起到了很大的促进作用；但是，它并不是科贝特理论的整体框架。例如，科贝特能够在克劳塞维茨寻求重要的决定性战役和使用集中兵力原则的例子中毫不客气地提出异议。通过对理论倾向和对英国模式战争的影响比较，我们可以看出和克劳塞维茨相比，科贝特与孙子的理论更为相似。概括而言，科贝特对海军战略的贡献要比，对大陆战略的贡献大得多，尤其是它增添的那章纯海洋战略理论和一些特殊的海战中的集中兵力原则对海军的贡献更大。

科贝特海洋战略思想与
"二战"后的美国海军及太空战略

"一战"后，英国海军迅速衰落，其舰队规模不断遭到削减。1922年《华盛顿海军条约》签署之后，美国海军获得了与英国海军平起平坐的地位，宣告英国海军一向引以为荣的"两强标准"和"一强标准"成为历史。"二战"结束之后，英国更是沦为一个二等海军强国。英国海上霸主地位的丧失，也使科贝特的海洋战略思想在英国失去了用武之地，渐渐被人们淡忘。

对于美国来说，可以说在"二战"之前美国海军的建设主要是遵循马汉的理论，强调海上力量决定国家命运，强调海军单一军种的海上决战。但是战后进入核时代以后，在冷战时期，基于核威慑的历史背景及与苏联和华约进行全球大战的战略构想，美国不得不强调三军均衡发展和联合作战，强调联盟作战。鉴于战后美国经常应付的是地区性的常规有限战争，美国海军在20世纪50至60年代转而对科贝特的海军战略理论产生兴趣。从尊崇马汉到尊崇科贝特，反映出现代美国海军理论已不再企图将海军力量凌驾于其他军种之上或强调其独立作用与使命，而是将海军作用看作全局战略的一部分，这说明美国海军战略指导思想的逐步成熟和完善。

冷战结束后，美国海军的作战对象和作战环境发生了翻天覆地的变化，因此美国海军也面临着严峻的转型任务。在美国海军内部，科贝特的战略思想日益受到重视，美军的将领和理论家普遍认为，后冷战时代的美国海军，正需要科贝特的战略理论。1993 年，美国海军战争学院举办了一场主题为"马汉还不够"（Mahan Is Not Enough）的学术研讨会，此次研讨会不仅标志着冷战后美国海军的战略思维已开始发生重大转变，而且也使科贝特这位被湮没了近一个世纪之久的战略思想家重新回到人们的视线中。在 2006 年的美国海军学刊上，有刊文指出：美国海军学术界现在仍蔓延着"二战"以及冷战时期的马汉海权理论，而对科贝特的战略学术没有足够的重视，这是不合时宜的……美国海军的远征作战和沿海作战，必须由更适宜的海军战略来指导。

作为一种成熟的理论成果，科贝特的理论在当今以空军力量为主的时代所产生的影响要比他当时所预测的还要大。当今，维持空军力量的地位以及运用精确的制导设备，所需要的情况更符合科贝特的要求。维持制空权——再加上全天候的火力打击能力以及大范围的准确火力打击，在世界的任何地方都使得有限战争变得更为必要。现在和将来的战争技术将使人们放弃传统的战争理论，而去运用科贝特的"有限战争"理论。

"制太空权"是"制空权"一词的沿用。而"制空权"的概念是由"制海权"（或称海权）衍生而来的。美国空军将"权"（以力量主导）的概念成功运用到了空战战略。空军借鉴了海军在第二次世界大战之前和其间所持的基本设想，大力倡导空中力量，并将其视为最有效的进攻性战略手段和最佳的战略阻遏手段。因此，一些历史学家甚至认为，空军将官实际上比海军将官更善于宣扬力量型战略，这颇令当时的许多海军将官难堪。最终，空中力量取代了海上力量，成为美国国家安全战略的基石。美国海军在20世纪上半叶的经历表明，一个国家若想主导国际社会，力量型战略当为首选。但是，若所求的主导权仅限于具体战区，那面对最沉重的未来安全问题，这种战略或非良策。马汉仍然深受美国海军尊崇，不过他的思想及海权论在今天的海洋战略中已趋式微。

传统的海权论及海战思想强调舰队对决式的海洋决战，现在的海洋战略则主张陆海协调配合，两者之间有明显差别。海域包括了全球所有的海洋及与之相邻的陆地，因而海洋战略影响到国家对外交、信息、军事和经济等力量手段的利用。因此，在制定海洋战略时必须广泛考虑到以下几个方面：在国际政治中发挥领导作用；促进经济繁荣；确保航行自由；打击敌对、恐怖及犯罪活动；增进和平与安全；建立前位阵地；兵力投射；等等。可见，海权战略仅仅是海洋战略的一个分项。

值得注意的是，在对国家外交、信息、军事及经济利益的影响上，海洋与太空有着惊人的相似。既然在海洋与在太空的战略意义相同，且这两种载体均包括远程"基地"或分散部署在远程交通线上的作战枢纽，那么它们的战略制定也必然相似。因此，太空战略不能简单因袭马汉的海权战略，而应当从包容性更广的海洋战略中获得启迪，以此作为筹划错综复杂的太空战争的战略跳板。

海洋战略与太空战略

科贝特的海洋战略理论为太空战略的制定提供了最佳的借鉴。根据科贝特的观点，海洋具备固有的交通价值，海战的目的就是确保己方使用海上交通线的权利而同时剥夺敌方的权利。谁能成功于此，谁就拥有自由进出海洋的"制海权"及由此带来的所有利益。濒海国家通过制海权的确立可以沿海上交通线自由航行而把敌方的威胁降到最低。确保海上交通线的畅通极为重要，执行这一使命的军舰也自然是地位独尊；反之，凡与这一使命无关的所有舰只，哪怕是战列舰都处于从属地位。

科贝特论述了海军如何能影响竞争国之间的力量平衡。建立强大的海军舰队和获取制海权，可以使本国积储更多的外交、军事和经济力量，从而使其他没有强大海军的国家处于劣势。通过这种办法，濒海国家就能保护自己在世界各地的利益，并拥有干预敌方从海上进行商务贸易的能力。即使是小规模的行动也能取得可观的外交和经济效益，因为这类针对敌方经济贸易线路或船队的行动经常可以改变竞争国之间的财富和权力平衡。

濒海国家广泛使用海上交通线进行商务贸易，因而必须对其中最重要的线路加以保护。为此，科贝特认为海军必须沿交通线部署兵力，但又能在需要时招之即合，迅速集结优势兵力。无论战争计划对海军部队集结的程度有多大要求，为保护己方在海上的商务贸易活动，沿海上交通线分散部署兵力势所难免。因此，海洋战略必须要兼顾战时的兵力集中和非战时的兵力分散。科贝特写道："这就是兵力集中的真义：不是羊群式的杂乱群集，而是在同一目标下的有序分布，并由单一的坚强有效的意志串联在一起。"

科贝特背离马汉海权思想最有争议的地方是认为防御战略和进攻战略具有同等的重要性。和克劳塞维茨一样，科贝特把进攻战视为较"有效"的战争手段，而防御战则为较"有力"的手段——两者均为全局战略中不可分割的组成部分。由于防御战的强有力特点，它能够使弱小的海军取得杰出的战绩；相反，如果弱小的一方对优势敌手采取进攻策略，结果极可能是以卵击石，自取灭亡。当政治目标要求采取措施阻止敌人获取某物或不让他们达到其政治目的时，防御战略就能大显身手。而且，打防御战的一方往往谨慎小心，处静伺机，一旦对方暴露弱点便进行反攻，夺取胜利。尽管防御战略有上述优点，不过科贝特却发现，当时的大多数海军将官已经视进攻战为法宝，而置有效的防御战略于不顾。

把海洋战略作为太空战略的基本框架有诸多好处，但这种方法也存在缺点，原因是运行在海洋和太空的系统所需技术存在差异。尽管现代军舰广泛采用尖端设备，技术进步很快，但先进程度仍赶不上大多数飞机。任意出入太空所需的尖端技术则与航空飞行所需的技术更为相似，尤其类似于超高速、超高空飞机。由于军事战术经常取决于现有的技术水平，因此太空战在战术层面上更像空战而非海战，但在战略上却与海战类似。不妨把太空战和海战之间所存在的技术和战术差异以及由此产生的缺点暂时搁置一边，也暂不考虑技术和战术上的先例（因为随着时间的推移两者总会有所发展），来制定太空战的战略原则。战略原则理应不受时间限制，以海洋战略作为框架实际上更有利于制定长久的太空战略。

尽管海洋环境中的外交、信息、军事及经济利益与太空环境中的情况极为相似，但是太空毕竟不是海域，太空战和海战在战略层面上的共性并不能抵消两者在技术和战术上的差异，任何太空战略的制定都应"因地制宜"，并采用本领域的术语。因此，借鉴海洋战略思路来制定太空战略，只是为探讨出入太空的军事活动提供可参照的共同语言。

海洋战略对太空战略的启示

以力量主导的思维制定太空战略，这在军事理论界已十分流行。如上所述，依据海洋战略的思路，太空具备固有的交通价值，确保出入和使用太空的力量也就显得极为重要。美国的《太空联合作战准则》规定，在必要时"为友军提供太空行动自由，而按令拒敌于太空之外"，由此可见，确保己方或友方天空交通线畅通而尽量不让敌方介入的必要性。

另外，因循海洋战略思维制定太空战略强调，太空战和太空活动与国家利益密切相关。这一思想已从美国日常经济及商务活动对天基系统的依赖中得到验证；更进一步说，依赖于太空的商务贸易直接影响到美国的总体经济利益，太空也因此与国家力量挂钩。海洋战略的先例说明，任何已掌握太空技术的国家都会保护自己的太空利益，甚至不惜诉诸武力。这种观点与美国 2001 年的《太空委员会报告》一致。该报告宣称，由于美国对许多太空技术的依赖，国家可用一切手段（包括武力）来"阻吓和抵御"太空敌对行为及保护自己的利益。

脱胎于海洋战略思维的太空战略也能提供一些重要观

点，其中最为深刻的是对攻防战略作用的反思。当政治目标要求从敌方进行夺取时，采用太空进攻战略是合适的。这类作战有利于达到政治目的，或建立军事优势。克劳塞维茨和科贝特相信，进攻乃是较为有效的战争手段，从这一角度看，航天强国通常会尝试进攻型的太空战。但以进攻战取得决定性胜利的机会甚微，因为当进攻迫在眉睫时，敌方会采取积极的防御措施将最重要的部队和装备隐藏起来。基于这个原因，作战指挥官在下决心发动进攻战时必须小心谨慎，否则可能会因为发动"不明智的进攻战"而丢失天基系统。另一方面，当政治目标要求对敌方所求加以阻止时，防御性战略便显露锋芒。防御作战在本质上属于比较"有力"的战争手段，弱小的航天部队应当广泛采用此战法，直至反守为攻成为可能。因此，真正的防御是占据有利地势等待进犯之敌。

进攻和防御战略经常被分开讨论，而实际上它们是相互依存、相得益彰的一个整体，舍弃一方，另一方就不能从根本上取胜。例如，进攻战所依赖的交通线需要靠防御战来守卫；再如，防御战所需的战斗部队和后勤装备常常比进攻战要少，因此在某些地区展开防御战有助于牵制敌军，以便更有效地集中优势兵力支援其他地区的进攻战。

太空战的首要任务是确保己方使用太空交通线的权利。

在海洋战略中，巡洋舰承担类似的责任。典型的海战是巡洋舰以其足够的航程及充足的耐力来保护遥远而分散的海上交通线。由于海洋和太空战略的基本原理相同，因此，太空利益的保护正需要巡洋舰所代表的这种思路。

不难理解，务实的战场官兵总想了解部署"太空巡洋舰"的种种细节。这些细节主要与技术和战术有关，而很少涉及战略。从海战思维衍生的太空战略必须提出现实的战术示例，否则就毫无用处。在设计和应用"太空巡洋舰"这一概念时，必须以确保出入和使用太空为目的。"巡洋舰"概念的具体设计取决于人们所赋予它的使命，而并非机械地照搬军舰的模式，然后"闭门造车"。因此，要实施"太空巡洋舰"计划就必须部署具备交通线自我防卫能力的平台和系统，它们能提供富余的太空交通服务，并能保护高价值资产。此类平台和系统的技术和战术实例包括：让通信卫星携带定向能武器，当遭受另一天基系统攻击时能进行还击；为高价值卫星提供在轨备用卫星，万一主要卫星受损，备用卫星便替补起用；部署起猎杀作用的微型卫星，用于撞击来自敌方的攻击卫星；部署天基武器平台，用于发现、打击和摧毁敌方的反卫星武器。

但是，天空交通线在现阶段还需同时使用地基和天基设备系统，就如通信中的上行链路和下行链路一样。这意味着

"太空巡洋舰"这一概念必须涵盖陆、海、空三种平台，以保护自己的太空使用权。因此，这一概念还包括把陆地交通网作为进入天基网络的后备通道，能迅速补射取代轨道上被毁的卫星，能摧毁移动发射敌方反卫星系统的导弹发射舰，或者能让损坏在轨卫星的机载激光武器瘫痪。无论"太空巡洋舰"的总体构想是运用陆基、海基、空基还是天基系统，它在太空战略中始终占有最重要的地位。

参照海洋战略的经验，天基技术设备和系统一般应分散部署，以尽量扩大覆盖区域，同时又能保留快速集结兵力和装备的能力。分散有利于保护广泛的利益，并可在许多不同的天空交通线上开展防御作战。当面临严重威胁需要展开进攻战时，这些技术装备和系统能很快集中火力或其他形式的杀伤力，迅速击败对手。战术部署可以包括能发射定向低功率干扰信号的卫星。虽然一颗卫星在某一特定区域作用有限，但如果这类卫星群集配合，就能在更广的空域中封锁敌方的天空交通线。同样，这类战术部署也包括将多个轨道武器平台集中在一起，用动能武器攻击一个或多个地面目标。

与"太空巡洋舰"的构想一样，这种分散则守、集中则攻的战略依赖于地基和天基系统的配合使用。因此，要摧毁敌方的太空设备或通信系统，就必须同时调用陆海空武器装备，将它们配合使用，对敌实施攻击。此类武器装备有：地射反卫星武器；以敌方通信上行链路为攻击目标的海射巡航导弹；携带能摧毁在轨卫星的定向能武器的飞机。将这类武器系统分散部署在全球各地及各种载体环境中，便能通过多种手段以压倒性优势攻击敌方的天基设备。

分散与集中的战略保留了攻守兼顾的灵活性，即在保护漫长交通线的同时，可以"随时随地"与敌方主力部队作战。当战场官兵想方设法拒敌于己方交通线之外时，他必须记住，己方在太空的交通线常常与敌方的交通线并行存在，甚至交叉重叠，这和海上交通相似，因此，破坏敌方太空交通的同时也难免会伤及自己的系统。

把海洋战略中的制海权这一概念运用到太空领域，就不难理解建立制天权对确保太空使用权的重要性。但对于没有能力进入和使用太空的一方来说，太空就是难以逾越的天然障碍。有航天能力的国家必须确保自己使用天空交通线的力量，这一点至关重要，只有这样才能充分运用自己在太空战中的优势。如果由于敌方的阻拦，或者己方技术不足以把宇宙飞船送入轨道，而无法进入和使用太空，那么太空便成了实实在在的天堑。虽然剥夺敌方的太空使用权并不等于消除了敌方任何零散和小规模的进攻，但拥有制天权并使太空成为潜在敌人的障碍，就能使自己更好地控制未来战争的规模，获得战争的主动权，最大限度地减少敌方的有效反攻，并使自己获得重要的战略威慑能力。所有这些措施都能为国家的外交、信息、军事及经济利益提供更好的保护。

因循海洋战略制定美国太空战略

美国是当今的航天强国，在使用天基技术方面非他国可比，因此，许多军事家推崇力量主导型太空战略。在美国学者看来，以传统强权方法为基础的太空力量战略已经不合时宜，不能正确描述太空战的真正战略性质，这是因为：当一个国家尚在努力建立某种战争载体的霸权时，这种战略有一定用处；当这个国家已经达到目的时，这种战略对战争策划者或政策制定者来说就近乎无用。马汉的海权战略过于强调进攻，强调寻找决战机会的必要性，但美国海军在很久以前就已抛弃了以海上力量作为单一海洋战略的选择。同理，太空力量也不宜成为太空战略的单一选择。

而且，因循海洋战略思维所制定的太空战略可突出目前太空力量战略中尚未涉及的构想，包括把确保在太空交通线的出入及对其使用作为太空战略最重要的考虑因素。根据这一构想，凡为天空交通线提供保护的系统应当比不涉及此任务的系统（包括纯进攻型武器系统）获得优先考虑。正确理解进攻战略和防御战略的关系，就意味着知道如何用后者来确保天空交通线的安全。因此，各种防御战略，如提高太空系统性能以对抗电磁破坏，对敌方攻击进行自卫，或者整合富余系统能力，都是保护天空交通线及获得重要制天权的合适方法。任何全局性的战争计划都把防御战略和进攻战略看得同等重要，任何把武力作为主要手段或过度强调进攻型武器作用的战略都缺乏远见卓识。

现在，军事活动已延伸到外层空间。在很大程度上，许多陆海空部队和海军陆战队在执行任务过程中已经大量使用天基技术。由于力量主导型太空战略有其固有局限，因此，以海洋战略思维指导而制定的太空战略更能为战场官兵指明正确的方向。要获得最佳的战略方针，就应该将太空战略的最佳框架建立在累积几世纪之久的海战经验之上。

年　谱

1854 年　11 月 12 日出生在英格兰南部萨里郡。

1878—1882 年　在律师事务所从事法律工作。

1882 年　从律师事务所辞职后，开始在埃及、印度、加拿大、美国等世界各地旅行以及进行文学写作。

1889 年　发表小说 *Monk*。

1896 年　作为《帕尔摩报》的随行记者参加了栋古拉城远征。

1896 年　接受邀请编辑一部 1585—1587 年西班牙战争的文献，开始了他作为海军历史学家的第一步。

1898 年　出版了第一部海军历史的著作《德雷克和都铎王朝的海军：英国作为海上强国崛起的历史》，这部著作中的不少主张使科贝特置于"海军历史学家的前列"。

1901—1922 年　出版了若干种关于海军历史和海军战略的著作，使得科贝特成为英国皇家海军的主导理论家。

1902—1914 年　在格林尼治皇家海军学院讲授海军战争

课程。

1905 年　成为英国海军部非官方的战略顾问，并担任内阁历史室秘书。

1914 年　被授予皇家部队联合研究所的最高奖切斯尼金质奖章。

1917 年　被封为爵士。

1922 年　9 月 21 日去世。

主 要 著 作

（括号中为该著作的首版时间）

1. *History of the Great War based on oficial documents by direction of the Histrical Section of the Committee of Imperial Defence*. Naval operations. Vols.I－Ⅲ.（1920-1931）

2. *The revival of naval history.*（1916）

3. *Naval and military essays：being papers read in the Naval and Military Section at the International Congress of Historical Studies*，1913.（1914）

4. *Staff histories.*（1914）

5. *Private papers of George，2nd Earl Spencer，First Lord of the Admiralty，1794-1801，4 vols.*（1913-1914）

6. *Spanish reports and the wreck at Tobermory.* (1911)

7. *The campaign of Trafalgar.* (1910)

8. *Signals and Instructions, 1776–1794.* (1908)

9. *Views of the Third Dutch War.* (1908)

10. *England in the Seven Years War : a study in combined strategy. 2 vols.* (1907)

11. *Fighting Instructions, 1530–1816.* (1905)

12. *England in the Mediterranean : A Study Of The Rise And Influence Of British Power Within The Straits, 1603–1713. 2 vols.* (1904)

13. *Queen Anne's defence committee.* (1904)

14. *Relation of the voyage to Cadiz.* (1902)

15. *Colonel Wilks and Napoleon.* (1901)

16. *The Successors of Drahe.* (1900)

17. *Drake and the Tudor Nary : With the history of the rise of England as a maritime power. 2 vols.* (1898–1899)

18. *Papers relating to the navy during the Spanish war, 1585–7158.* (1898)

19. *Monk.* (1889)

参 考 书 目

1. Brodie, Bernard. *A Guide to Naval Strategy*. Newly rev.ed. New York : Princeton Univ.Press, 1965.

2. Corbett, Julian S. "The Capture of Private Property at Sea." in *Some Neglected Aspects of War*. London : Sampson Low, Marston &Company, Ltd., 1907 : pp.117–153.

3. *England in the Mediterranean : A Study of the Rise and Influence of British Power Within the Straits 1603–1713*. 2nd ed. Vols. I and Ⅱ. London : Longmans, Green, and Co., 1917.

4. *England in the Seren Years' War : A Study in Combined Strategy. Vols.1and 2.* New York : AMS Press, 1973.

5. *Maritime Operations in the Russo-Japanese War : 1904–1905. Vol.2*. Annapolis, MD : Naval Institute Press, 1994.

6. *Some Principles of Maritime Strategy*. Annapolis, MD : Naval Institute Press, 1988

7. "Staff Histories." in *Naval and Military Essays*. Eds.

Julian S. Corbett and H. J. Edwards. Cambridge : Univ. Press, 1914 : pp.23–38.

8. Clausewitz, Carl von. *On War*. Eds. and Trans. Michael Howard and Peter Paret. Princeton : Princeton Univ. Press, 1976.

9. Department of the Navy. *Forward 2 From the Sea*. Washington, DC : GPO, 1994.

10. *From the Sea* : *Preparing the Naval Service for the 21st Century*. Washington, DC : GPO, 1992. Reprint in Proceedings, November 1992 : pp.93–96.

11. *Naval Warfare*. Naval Doctrine Publication (NDP) I.Washington, DC : GPO, 1994.

12. Goldrick, James and John B.Hattendorf, eds. *Mahan is not Enough* : *The Proceedings of a Conference on the Works of Sir Julian Corbett and Admiral Sir Herbert Richmond*. Newport, RI : Naval War College Press, 1993.

13. Hattendorf, John B. "Recent Thinking on the Theory of Naval Strategy." in *Maritime Strategy and the Balance of Power* : *Britain and America in the Twentieth Century*. Eds. John B. Hattendorf and Robert S. Jordan. New York : St. Martin' s Press, 1989 : pp.136–161.

14. Jordan, Robert S. "Introduction : The Balance of Power and the Anglo—American Maritime Relationship." in *Mariime Strategy and the Balance of Power : Britain and America in the Twentieth Century*. Eds. John B. Hattendorf and Robert S. Jordan. New York : St. Martin's Press, 1989 : pp.1—20.

15. Owens, William A., Admiral, USN. *High Seas : The Naval Passage to an Uncharted World*. Annapolis, MD : Naval Institute Press, 1995.

16. Julian S. Corbett. *Review of England in the Mediterranean : A Study of the Rise and Influence of British Power Within the Straits 1603—1713*. The Quarterly Review.1906 (408): pp.1—28.

17. Schurman, Donald M. *The Education of a Nary : The Development of Briish Naval Strategic Thought, 1867—1914*. Chicago : Univ. of Chicago Press, 1965.